Mitos
Egipcios

A mi padre y a mi madre

EL PASADO LEGENDARIO

Mitos

Egipcios

GEORGE HART

Traducción de
José Ángel Fernández Canosa

akal
ediciones

Título original: *Egyptian Myths*
© British Museum, 1990
© Ediciones Akal, S. A. 1994, 2003
Para todos los países de habla hispana.
Sector Foresta, 1
28760 Tres Cantos
Madrid - España
Tel.: 91 806 19 96
Fax: 91 804 40 28
ISBN: 84-460-0347-3
Depósito legal: M - 32.114 - 2003
Impreso en Materoffset, S.L.
Colmenar Viejo - Madrid

PORTADA: *El dios Horus con el anillo de la eternidad entre sus garras.*

DISEÑO: **Gill Mouqué**
DISEÑO DE PORTADA: **Slatter-Anderson.**

Las montañas cercanas a las minas de turquesas de Maghara en la península del Sinaí.
Las turquesas extraídas de estas minas decoraban broches para el cabello como el
perdido por una de las remeras del harén de los Cuentos Fantásticos.

Índice

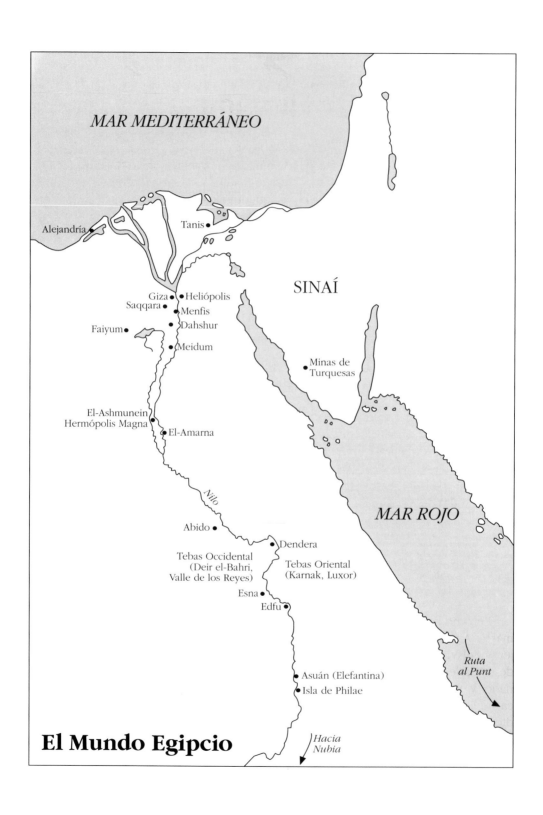

MAR MEDITERRÁNEO

Alejandría

Tanis

SINAÍ

Giza • Heliópolis
Saqqara • Menfis
• Dahshur
Faiyum •
• Meidum

Minas de
Turquesas

El-Ashmunein
Hermópolis Magna
• El-Amarna

Nilo

MAR ROJO

Abido •

Dendera

Tebas Occidental
(Deir el-Bahri,
Valle de los Reyes)

Tebas Oriental
(Karnak, Luxor)

Esna •
Edfu •

Ruta
al Punt

Asuán (Elefantina)
• Isla de Philae

Hacia
Nubia

El Mundo Egipcio

Introducción

La mitología egipcia es un rico y asombroso panorama de imágenes visuales y escritas. En un intento por aclarar algunos aspectos he dividido la materia en dos grandes categorías. El material más manejable es muy sencillo, e incluye los cuentos y leyendas que implican una apertura hacia tierras exóticas, un recrearse en las hazañas de los magos y en la apoteosis de los héroes históricos.

La otra categoría es la que me aventuro a llamar "mitos de conciencia más elevada". Mi punto de vista personal es que éstos constituyen un elemento activo e integral del gobierno y la sociedad del antiguo Egipto, estando lejos de ser una serie de *mémoires* de dioses y diosas. Los que tratan del origen del cosmos, el concepto de sucesión legal al trono y la visión del viaje regenerativo realizado por el sol durante la noche, resaltan como proyecciones del pensamiento de los antiguos egipcios, de sus miedos y esperanzas sobre la condición humana y las penalidades experimentadas en el curso de la vida de los hombres.

La investigación de los fenómenos naturales y la confrontación con lo "misterioso" interesaron profundamente a los antiguos egipcios, aun cuando no siempre hallaran su explicación y el resultado fuera en ocasiones incomprensible y contradictorio. En consecuencia, los mitos metafísicos de la creación y las fórmulas mágicas dirigidas contra las fuerzas del caos –manifestadas en la amenaza de la serpiente infernal Apofis– significan la búsqueda por los antiguos egipcios de un conocimiento definitivo, aspecto que resuena en lo que se ha llamado el dilema moderno:

"No cesaremos de explorar
y el fin de toda nuestra exploración
será llegar a donde comenzamos
y conocer el lugar por vez primera..."

(T. S. Eliot, *Little Gidding*)

Pero no sólo en los tiempos modernos los mitos egipcios han dejado su marca. A través de los doscientos cincuenta últimos años los visitantes extranjeros del Valle del Nilo han registrado sus reacciones ante el vasto panteón de deidades inscritas sobre las tumbas, templos y papiros. Heródoto, el historiador y etnógrafo griego del siglo V a. C., nos proporciona algunos relatos acerca de la religión egipcia, pero es respetuosamente reticente a divulgar los ritos sagrados:

He mantenido conversaciones con los sacerdotes de Hefesto [Ptah] en Menfis. Fui a Tebas y a Heliópolis con intención de descubrir si la información proporcionada en Menfis podía verificarse, ya que los heliopolitanos son considerados como los más sabios de los egipcios. En cuanto a sus explicaciones de lo "sagrado", me inclino a no desvelar esta sabiduría, salvo quizá a dar los nombres de ciertos rituales que considero "moneda común" entre los hombres.

(Historias II, capítulo 3)

De índole similar son los comentarios del divertido novelista Apuleyo, que somete a su héroe Lucio a aventuras degradantes cuando está transmutado bajo la forma de asno, y a quien Isis convirtió en un iniciado a sus misterios. En contraposición a ello, sin embargo, el xenófobo satírico romano Juvenal se burla abiertamente de las creencias egipcias y desprecia el culto de Isis. Incluso los turistas ordinarios en la antigüedad tardía dejaron sus impresiones (de manera imperdonable en forma de graffiti) sobre la compleja mitología egipcia: "Yo, Dioskorammón, vi estas tonterías y las hallé desconcertantes" (rascado en la pared de la tumba de Rameses VI, en el valle de los Reyes).

Pero los mitos egipcios, que al parecer son ridículos para algunos, han sobrevivido porque la sociedad en que se originaron los consideró cruciales para la creación de una visión del mundo. Escribas, sacerdotes y narradores transmitieron los mitos para explicar fenómenos etiológicos, para proporcionar datos sobre la continuidad de la existencia en la vida de ultratumba y para mostrar la versatilidad de sus imaginaciones. Así, bien como parte de una búsqueda religiosa o de una investigación antropológica, bien para internarse en lo subreal, los mitos y leyendas del antiguo Egipto nos siguen enriqueciendo por su profunda reflexión y sus imágenes.❏

Pectoral de la princesa Sit-Hator-Yunet que representa en oro y piedras semipreciosas a dos halcones que flanquean el cartucho de Senwosret II (1897-1878 a. de C.). El nombre real de la princesa, Ja-Jeperre, contiene la imagen del escarabajo y los rayos del sol surgiendo por el horizonte oriental al amanecer.

Leyendas de la creación

La creación del mundo, por quién y cómo fue creado, era materia de constante interés para los egipcios. Así se formularon tres cosmogonías basadas en las tradiciones de tres antiguas ciudades: Heliópolis, Hermópolis y Menfis.

Fuentes principales

Ya desde el comienzo de este libro será preciso que nos sumerjamos profundamente en documentos cruciales para nuestra comprensión de la antigua visión egipcia del cosmos. Hace 4.300 años se grabaron varias columnas de jeroglíficos en el vestíbulo y en la sala del sarcófago de la pirámide del rey Uenis (aproximadamente en el 2350 a. de C.) en Saqqara, la necrópolis de la capital real de Menfis, con intención de asegurar un futuro al monarca en las proximidades de dios Sol. Los gobernantes posteriores del Imperio Antiguo (2649-2152 a. de C.) continuaron con esta tradición. Conocidos como los *Textos de las Pirámides,* este corpus de ensalmos y especulaciones nos ofrecen la oportunidad de evaluar la compleja imaginería centrada en el panteón egipcio. También constituye la compilación religiosa más antigua del mundo.

En el siguiente período de la civilización egipcia, llamado Imperio Medio (2040-1783 a. de C.), nos encontramos con que las prerrogativas de la realeza, cuyo *status* en la vida de ultratumba se define a través de inscripciones mágicas, fueron usurpadas por gobernadores provinciales y dignidades de la corte. Sus ataúdes se convirtieron en sarcófagos sobrenaturales pintados con fórmulas funerarias dirigidas a Anubis y Osiris, amuletos de "ojos de Horus", bienes de lujo, raciones básicas de alimentación para la supervivencia, centenares de hechizos apretujadamente escritos (publicados por los egiptólogos bajo el título de *Textos de los Sarcófagos*), y mapas de las regiones infernales (proyectados para neutralizar las fuerzas del caos y fortalecer el espíritu de su propietario con la esperanza de que se uniera al séquito del dios Sol). Diseminados a través de estos *Textos de los Sarcófagos y de las Pirámides* se pueden encontrar comentarios de suma importancia sobre el mito del dios creador de Heliópolis, siempre que uno controle su frustración por el desprecio que el antiguo redactor egipcio muestra por el análisis lógico sostenido. Mucho más tarde, a principios del s. III a. de C., un papiro del Museo Británico (también conocido como Papiro Bremmer-Rhind), describe con la más gráfica fraseología el desarrollo de la vida a partir del dios creador. (Aunque de época ptolemaica, este papiro probablemente evolucionó a partir de un original escrito al menos mil años antes.)

Debemos la supervivencia del relato metafísico de la creación por Ptah, dios de

La piedra de Shabaka, con una inscripción grabada en torno al 700 a. de C., es nuestra principal fuente del mito metafísico de la creación ideado por los sacerdotes de Ptah en Menfis. Supuestamente fue conservada por orden del rey Shabaka, pero posteriormente se utilizó como piedra de molino.

Menfis, al rey Shabaka (712-698 a. de C.), que pertenecía a la expansionista dinastía nubia, cuya capital estaba cerca de Gebel Berkal, en el Sudán. Éste prosiguió la invasión de Menfis llevada a cabo por su predecesor Piye (leído en un primer momento Pianji) con una fuerza de ocupación más duradera. En un viaje de inspección al templo de Ptah, Shabaka se quedó horrorizado al descubrir que el rollo de papiro más sagrado, que contenía una versión dramática del acceso del dios Horus al trono de Egipto y el mito menfita del dios creador, estaba siendo devorado por los gusanos. Ordenó inmediatamente que el texto de rollo que aún no estaba dañado se grabara en un bloque de granito negro. Sus pías intenciones, sin embargo, quedaron parcialmente frustradas: antes de su adquisición por el Museo Británico, la "Piedra de Shabaka" fue utilizada como piedra de molino, como atestigua la profunda incisión en el centro con sus radios saliendo a partir de ella.

Los primeros que estudiaron la fecha original de la "Teología Menfita" copiada en piedra creyeron que la lengua del texto correspondía a un prototipo de Imperio Antiguo. Un estudio más cuidadoso de los epítetos de Ptah y de la estructura de pensamiento que revela el texto llevaron a rechazar como fecha de este destacado mito el tercer milenio a. de C., en favor de su origen en época ramésida (hacia del s. XIII a. de C.) o posterior.

Los testimonios que tenemos de Amón como dios creador de Hermópolis descansan fundamentalmente en el Papiro Leiden 1 350, un vasto panegírico del dios Sol que enfatiza su exclusivo papel procreador. Además, los templos del Imperio Nuevo de Deir el-Bahri y Luxor revelan cómo Amón abandona sus misteriosos confines del cielo para unirse sexualmente con la reina que gobernaba Egipto, engendrando así al futuro monarca. Finalmente, en la época grecorromana, que son los últimos siglos en los que se decoran templos en Egipto, como en Esna y Edfú, cuando los escribas proporcionan elaboraciones teológicas enigmáticas y oscuras para que los escultores las graben, los jeroglíficos guardan relatos de la creación imaginativos y ricos en alusiones sutiles, pero que parecen haber perdido el rumbo en términos de revelación cósmica.

El dios Sol de Heliópolis

Bajo los arrabales del noroeste de El Cairo están las ruinas de Yunu, que se contaba entre los principales y más antiguos santuarios de Egipto. Heródoto, el historiador griego que visitó la región en el s. v. a. de C., unos dos mil años después de que se hiciesen las primeras dedicatorias de sus templos, la conocía como Heliópolis, la Ciudad del Sol. Aquí los intelectuales en el momento de la unificación del Alto y Bajo Egipto (hacia el 3000 a. de C.) empezaron a formular una cosmogonía para explicar los elementos vitales de su universo, que culminó con su significativa cristalización en los *Textos de las Pirámides* de las Dinastías V y VI.

Antes del desarrollo de un cosmos estructurado existía en la oscuridad un océano de agua inerte, al que se consideraba el ser primordial, llamado Nu o Nun. Nunca se construyeron templos para honrarlo, pero la naturaleza de Nu está presente en el culto de muchos santuarios bajo la forma de lago sagrado que simboliza la "no existencia" antes de la creación. De hecho, esta vasta extensión de vida inanimada nunca dejó de existir y tras la creación se imaginaba que rodeaba el firmamento celeste guardando al sol, la luna, las estrellas y a la tierra al igual que lo hacía con las fronteras de los infiernos. Por eso siempre hubo temor en la mente de los egipcios a que Nu se cayese estrepitosamente a través de los cielos e inundase la tierra. Se alude a esa amenaza de destrucción en el ensalmo 1130 de los *Textos de los Sarcófagos* de la edición de Faulkner de 1973, donde se lee: "Los montículos se convertirán en ciudades, y las ciudades en montículos, y los palacios destruirán a los palacios". Cuando tenga lugar este *Götterdämmerung* ("ocaso de los dioses"), los únicos supervivientes serán los dioses Atum y Osiris en forma de serpientes, "desconocidos para la humanidad e invisibles para los demás dioses".

Atum, "Señor de Heliópolis" y "Señor de los límites del cielo", es el demiurgo, el creador del Universo, que surgió de Nu al inicio de los tiempos para crear los elementos que lo componen. Como dios Sol, se autogeneró en un ser y se posó sobre un montículo emergente, una imagen que sugiere los bancales e islas que reemergen tras la estación de las inundaciones del Nilo. (Era natural que el régimen del río, fuente de la vida y prosperidad de Egipto, influyese en los conceptos de creación de la misma forma en que el entorno de los primeros escribas sugirió los signos de la escritura jeroglífica.) Este montículo primordial tomó la forma de *Benben*, una firme elevación piramidal cuya finalidad era dar soporte al dios Sol; la reliquia real de piedra, tal vez considerada como el semen petrificado de Atum, se decía que sobrevivía en el *Hewet-Benben* (la Mansión del Benben) en Heliópolis.

*El dios sol Re-Horajti antes del
Benben (la colina primigenia)
de Heliópolis. Piramidión de
Ramose de Deir el-Medina,
hacia 1300 a. de C.*

La noción subyacente en el nombre de Atum es una noción de totalidad, pues como dios Sol él es la *Mónada,* el ser supremo y quintaesencia de todas las fuerzas y elementos de la naturaleza. Por lo tanto, contiene en sí mismo la fuerza vital de cualquier otra deidad aún por existir. En el pensamiento egipcio, la totalidad tiene un poder positivo, como en la noción de llenar una eternidad de existencia, y un aspecto destructivo, como en la entrega de un enemigo a las llamas. Este dualismo inherente a la Mónada permite el futuro nacimiento de una diosa constructora como Isis o de un dios del caos y la confusión como Set.

Pero ¿cómo un principio masculino en solitario iba a dar nacimiento a su progenie? En esto la ingenuidad de los teólogos heliopolitanos no tenía límites. Dos narraciones desarrollaban cómo la esencia dadora de vida de Atum salió de su cuerpo para dar lugar a un dios y a una diosa. En el texto 527 de los *Textos de las Pirámides* se hace la inequívoca afirmación de que Atum se masturbó en Heliópolis: "Al coger su falo con las manos y eyacular, nacieron los gemelos Shu y Tefnut". Esta clara imagen sólo tiene sentido si recordamos que Atum contenía en sí mismo el prototipo de cada poder cósmico y de cada ser divino. Por otra parte, esta descripción de un orgasmo por un dios sol itifálico se convierte en una grosera caricatura en vez de ser la evocación de un acto creador misterioso y sublime.

En el texto 600, sin embargo, los sacerdotes ofrecen otra explicación del nacimiento de los hijos de Atum que se basa en una asonancia de palabras con armazón consonántico similar. Los juegos de palabras eran un útil instrumento para la instrucción en el antiguo Egipto, como se ve en un ejemplo procedente de un papiro del Museo Británico que trata de la interpretación de los sueños: ver un gran gato en un sueño significaba una cosecha abundante porque ambas expresiones contenían fonemas o sílabas que eran muy similares. Por tanto, sin negar que el sentido del humor egipcio era punzante, cosa que muy a menudo no se tiene en cuenta, debemos considerar los juegos de palabras en la creación de los mitos como intentos de trasmitir conceptos intelectuales y no de mover a risa por medio del ingenio. Así Atum es conocido como el dios que "salvó a Shu y escupió a Tefnut". Shu es la secreción de Atum en la medida en que su nombre –de una raíz que significa "vacuo" o "vacío", una noción apropiada para el dios aire– no es muy diferente de la palabra cuyo valor consonántico es *yshsh* (en jeroglífico no se escriben las vocales) y que significa "estornudo" o "farfullo". En el caso de Tefnut, cuyo nombre escapa a una interpretación precisa y cuyo significado se especuló que era "rocío" o "humedad en el aire", las dos primeras consonantes de su nombre forman la palabra *tf,* traducida como "escupitajo". Algunas citas del Papiro Bremmer-Rhind reúnen los puntos sobresalientes que rodean al acto procreador de la Mónada:

> Todas las manifestaciones empezaron a existir tras haber empezado yo a existir... no existía ni la tierra ni el cielo... Creé de mí mismo todas las cosas... mi puño fue mi esposa... copulé con mi mano... Estornudé a Shu.. Escupí a Tefnut... Después Shu y Tefnut dieron lugar a Geb y Nut... De Geb y Nut nació Osiris... Set, Isis y Neftitis ... dieron finalmente lugar a la población de esta tierra.

Las deidades aquí nombradas forman la *Pesdyet* de Heliópolis, un grupo de nueve dioses y diosas para los que se usa frecuentemente el término griego *Enéada.* Obviamente, las nueve deidades pueden ser restringidas a la genealogía ideada en Heliópolis, pero la noción de un círculo de dioses u diosas era transferible; el templo de Abido tenía una *Enéada* de siete deidades, mientras que había quince miembros en la *Enéada* del templo de Karnak. Probablemente debido a que los signos que se agrupaban en tríos en los jeroglíficos egipcios comunicaban la idea de un plural indeterminado, el concepto de nueve dioses y diosas indicaba un plural de plurales, suficiente para abarcar un panteón de cualquier número de deidades en cualquier templo.

Las primeras deidades que Atum creó, Shu y Tefnut, podían ser representados como leones, como, por ejemplo, en el reposa cabezas de mármol de Tutankhamón. En las ilustraciones del *Libro de los Muertos,* Shu, llevando la pluma de avestruz que de hecho es el jeroglífico de su nombre, levanta sus brazos para sostener el cuerpo de la diosa del cielo Nut, que está arqueada sobre su consorte el dios tierra Geb. El rol de Shu en la cosmogonía heliopolitana parece haber sido suprimido, sin duda porque tenía un fuerte componente solar en su naturaleza y no podía permitírsele que se aproximara al dios solar por excelencia. Además abarcaba el concepto de aire penetrado por los rayos del sol (un concepto utilizado por el faraón Ajenatón en el primitivo nombre didáctico del Atón, el dios solar supremo durante menos de dos décadas del s. XIV a. de C.): "Viva Re-Horajty regocijándose en el horizonte. –en su nombre de Shu que está en el Atón [es decir, el disco solar]."

Tefnut, la de la cabeza leonada, escapa a una categorización definitiva. Su asociación con la humedad o con el rocío está atestiguada en los *Textos de las Pirámides,* donde también hay un pasaje que sugiere que ella es la atmósfera de los infiernos. Tal vez el énfasis deba situarse en su acceso automático al dios

La visión heliopolitana del cosmos: la diosa cielo Nut arquea su cuerpo sobre su consorte el dios tierra Geb en posición supina, quedando separada de él por el dios aire Shu, hacia el 1300 a. de C.

Sol, ya que, siendo su hija, se acaba igualando con su todopoderoso ojo solar.

Por el procedimiento natural, de Shu y Tefnut nacieron Geb y Nut. Los egipcios consideraban a la tierra como un principio masculino y al cielo como femenino, en contraste con la mitología indoeuropea. Geb, el dios de la tierra, personificaba la tierra de Egipto, y a través de él se establecía el vínculo con el trono del faraón reinante. La diosa del cielo Nut se convirtió en una de las deidades más representadas de la más antigua Enéada. Su cuerpo se tendía a lo largo de Geb pero, tras haber dado a luz a cuatro hijos, es separada de él por Shu en cumplimiento del mandato de Atum. Más allá de ella está Nu y la no existencia. Las recargadas pinturas que tenemos de ella en la Sala del sarcófago de la tumba de Rameses VI (1156-1148 a. de C.) en el valle de los Reyes recalcan su importancia –aquí el dios Sol viaja a través del firmamento, que se halla a lo largo de la superficie inferior de su cuerpo–; al llegar al horizonte occidental, al final de las doce horas distribuidas a lo largo del día, el dios Sol es tragado por la diosa cielo; él recorre la longitud interior de su cuerpo durante las horas de la noche y, al alba, Nut da a luz al dios Sol en el horizonte oriental en medio de un despliegue de rojo que es la sangre del parto.

En este punto de la genealogía, los sacerdotes de Heliópolis desarrollaron una inteligente transición que incorporaba el ciclo mitológico de Osiris en el corpus solar. Esta transición descansa sobre el hecho de que Nut le dio a Geb cuatro hijos: Osiris, Isis, Set y Neftitis. Esto creó una vinculación entre las deidades cósmicas más antiguas de la Enéada y el mundo político. También subordinaba al arribista dios Osiris, no atestiguado epigráfica o arqueológicamente antes de la V Dinastía (2464-2323 a. de C.), a la posición de biznieto del dios Sol, enfatizándose de este modo la impresionante antigüedad de la Mónada. La leyenda de Osiris se verá más adelante, pero debemos destacar que, al completar la Enéada de Heliópolis, los cuatro descendientes de Nut y Geb representan el ciclo perpetuo de la vida y la muerte en el Universo, continuando el acto de la creación de Atum. El ciclo de Osiris se adecua al dualismo del orden cósmico establecido por el dios Sol, estableciéndose un equilibrio entre los contrarios de la totalidad: Osiris *corona* un reino legítimo en Egipto; Set *destruye* al poseedor legal del trono de Geb. Más adelante veremos esto con mayor detalle.

La teogonía de Heliópolis

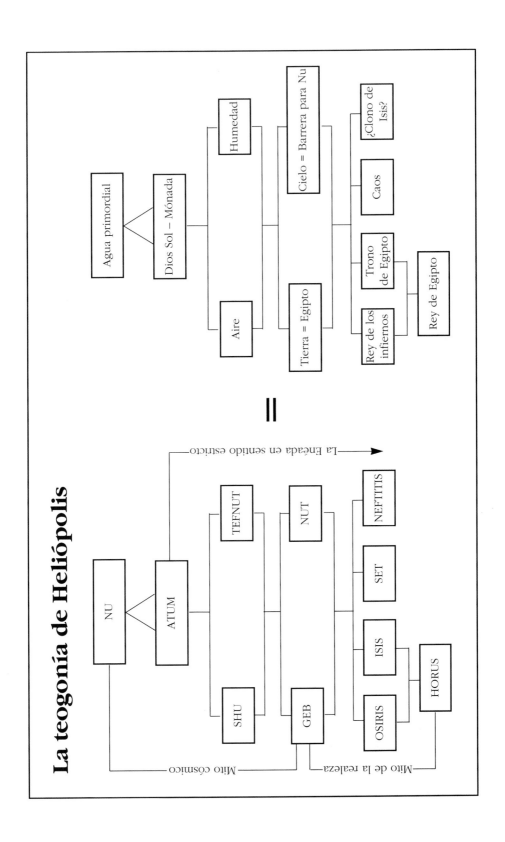

La imagen del loto parece haber sido empleada por los sacerdotes de Heliópolis para ayudar a explicar el nacimiento del dios sol Atum. De Nu brotó un loto, junto con la colina primordial, del que el dios Sol surgió como un niño, aunque autogenerado. El mismo loto fue más tarde identificado con el dios Nefertum (adorado en Menfis); en consecuencia, hay hechizos en el *Libro de los Muertos* para transformar al muerto en Nefertum, porque él es "el loto en la nariz del dios Sol". En el Museo de El Cairo puede encontrarse la representación más hermosa de esta idea en el loto de madera pintado con la cabeza del niño dios Sol brotando. Se encontró en el valle de los Reyes y constituye una identificación iconográfica de Tutankhamón con el dios Sol recién nacido.

Antes de concluir con el mito de la creación heliopolitano, debemos hacer mención del rol del Fénix, del simbolismo del loto y de la unión de Atum con otras manifestaciones del dios Sol. El Fénix, del que el escritor griego Heródoto oyó hablar en Egipto en el s. v a. de C., pero al que no vio excepto en dibujos de papiros mitológicos o en grabados murales, originariamente tomaba la forma de una motolita amarilla, que luego se cambió por la de una garza con un largo plumacho en la cabeza. En los jeroglíficos se le llamaba el *Benu,* cuya etimología significaba "alzarse con fulgor". Autoevolucionado, el Benu se convirtió en el símbolo del nacimiento del dios Sol. Así se afirma en el texto 600 de los *Textos de las Pirámides* que contiene una invocación a Atum: "... tú surgiste, con el Benben, en la Mansión del Benu en Heliópolis."

Heródoto no estaba convencido de la existencia del Fénix, pero narró la historia que le contaron los sacerdotes. El Fénix herodotiano es un pájaro semejante a un águila, que lleva un plumaje de color oro y rojo. A la muerte de su padre cada quinientos años vuela desde la península Arábica a Egipto. Lleva el cuerpo de su difunto padre embalsamado en un huevo de mirra y lo entierra en el Templo del dios Sol. Las diferencias entre el Fénix de Heródoto y otros autores clásicos y el Benu de las fuentes antiguas egipcias son lo suficientemente serias como para que nos preguntemos si los dos pájaros están relacionados de algún modo. Sin embargo, Heródoto pudo haberse visto confundido por la muestra que se le ofreció. El pájaro que vio en dibujos no era realmente el Benu, ni en la forma en que lo describe ni en su magnífico colorido; probablemente era el buitre egipcio o el halcón Horus. La mención del incienso le añade un sabor genuino, ya que era altamente valorado en los rituales del templo egipcios. La mirra para embalsamar de la descripción de Heródoto pudo haber sido utilizada posiblemente en Heliópolis en este período de la civilización egipcia, procediendo de los reinos de Arabia meridional a través de las rutas comerciales del mar Rojo.

Para el resto, no debemos olvidar que nadie conoce la posición de los informadores de Heródoto en la jerarquía sacerdotal –quizás en los más altos peldaños del conocimiento de la teología heliopolitana o quizá novicios aún en período de aprendizaje. Además algunas explicaciones del Benu pudieron haber vencido a los traductores, especialmente porque no hay registros de la época de Heródoto para informarnos de cualquiera de las complejidades o variantes sobre este pájaro que pudieran haber surgido durante los dos milenios que siguieron al primer testimonio que tenemos sobre él en los *Textos de la Pirámides.* Por

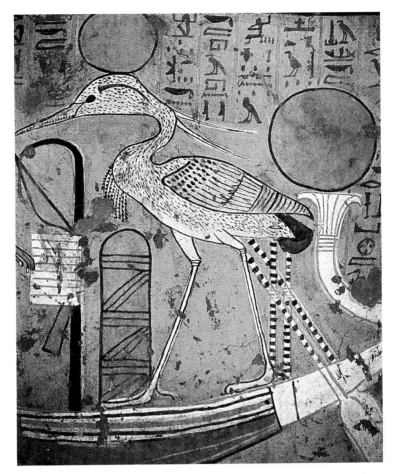

El pájaro Benu, o Fénix, manifestación del dios Sol creador de Heliópolis.
Tumba de Arinefer en Deir el-Medina, oeste de Tebas, hacia el 1300 a. de C.

ejemplo, sabemos que el Benu se incorporó a los rituales funerarios y empezó a jugar un papel en ellos al asegurar la resurrección del difunto en los infiernos. El punto de contacto más fuerte entre el Benu y el Fénix es el vínculo que ambos tenían con el Templo del Sol en Heliópolis.

Finalmente, la complejidad interna de la Mónada podía dar lugar a otras manifestaciones. La conjunción de Atum con tres aspectos del sol ya existía en la época en que los *Textos de las Pirámides* estaban siendo inscritos. "Re" es una palabra básica para designar al sol indicando su presencia física en el cielo y también el nombre del dios Sol "brillando con su disco"; Jepri es la imagen del sol impulsado por un escarabajo, una analogía tomada de la naturaleza; Harajti es el halcón remontando el vuelo en el horizonte, lejano y distante como el mismo sol. Los nombres se combinan: por ejemplo, Re-Atum o Re-Harajti. Sin embargo, la esencia del mito de Heliópolis no es confusa por su multiplicidad de formas, sino que cada una de ellas es un intento de captar en un nombre un aspecto del dios Sol creador.

Ptah de Menfis

Ptah, "sur de su muralla", era el dios de Menfis, la antigua capital política de Egipto. De hecho, en el Imperio Nuevo (1150-1070 a. de C.) su templo, *Heuetka-Ptah* (Mansión del Espíritu de Ptah), dio nombre a toda la región y es el origen, a través de Grecia, de la palabra Egipto. Las ruinas de Menfis –que para los turistas consisten fundamentalmente en una esfinge de calcita de Amenhotep II y una estatua colosal de Rameses II– ofrecen hoy en día pocos vestigios de la floreciente capital que un día fue. Pero dejando aparte los espléndidos monumentos, ahora desvanecidos, que adornaban la capital, Menfis demanda nuestra atención como guardiana de una tradición intelectual cosmogónica dirigida a afirmar el papel de Ptah como el más antiguo y preeminente de los dioses. Porque fue aquí donde los sacerdotes de Ptah formularon la síntesis metafísica de la creación preservada en la antes mencionada Piedra de Shabaka erigida en su templo.

Antes de describir los contenidos de la Piedra de Shabaka, podría ser útil decir un par de cosas sobre Ptah como dios creador. En los *Textos de los Sarcófagos* y en los documentos de la época ramésida hay referencias a Ptah como responsable de la formación de los dioses y el Sol y de la maduración de la vegetación. Pero aún antes, en el Imperio Antiguo, la naturaleza de Ptah como supremo artesano se había desarrollado totalmente y su sumo sacerdote en Menfis tomaba el nombre de "El más grande de los supervisores de los artesanos". Desde el reino de Rameses II (1290-1224 a. de C.) nos encontramos con que el dios Ptah se une con la deidad Ta-tenen. El nombre de Ta-tenen significa "la tierra que se ha hecho distinguible", en otras palabras, distinguible de las aguas primordiales. De esta manera, Ta-tenen, surgida de Nu, puede hacerse equivalente de la imagen de la colina primordial ya descrita. Ahora podemos considerar la narración menfita de la creación que empieza en la columna 53 de la Piedra de Shabaka.

Ptah dio vida a otros dioses (incluyendo a Atum de Heliópolis) por medio de su corazón y de su lengua. La concepción del pensamiento en el corazón y el habla en la lengua determinan la acción de cada miembro. La presencia de Ptah es universal en los corazones y bocas de "todos los dioses, de todas las personas, de todos los rebaños, de todas las cosas vivientes que se arrastran". Ptah es superior a Atum, que hizo que la Enéada existiese "por su semen y sus dedos". La Enéada de Ptah es los dientes y los labios de su boca, de manera que, al pronunciar la identidad de cada cosa, la autoridad de su palabra era tal que toda la creación empezó a existir. Lo que los ojos ven, los oídos oyen y la nariz inspira, va directamente al corazón, y la conclusión a la que llega el corazón es después pronunciada por la lengua. Así es cómo ordenó Ptah que los dioses existiesen y cómo se convirtió en Ta-tenen, "de quien surgió toda vida". Habiendo dirigido el nacimiento de los dioses, Ptah creó para ellos las ciudades, santuarios, lugares de culto y ofrendas perpetuas.

A través de este mito, Ptah se ve como un principio intelectual de creación amalgamado con la imagen física de Ta-tenen como la colina primordial. Es una síntesis completa de intelecto y mundo material. Conocida como la "doctrina del logos", hay un eco de esta impresionante aproximación filosófica al cosmos formulada por los sacerdotes de Menfis resonando en el siguiente pasaje del Nuevo Testamento:

> Al principio era el Verbo, y el Verbo estaba en Dios, y el Verbo era Dios.
> Él estaba en el principio en Dios.
> Todas las cosas fueron hechas por él, y sin él ni una sola cosa de lo que ha sido hecho fue hecha.
> En él era la vida; y la vida era la luz de los hombres.
>
> (S. Juan, cap. I, vers. 1-4)

La semejanza de ideas ha recibido atención. Lo que, sin embargo, no ha sido subrayado es el pequeño paso, pero destructor de la voluntad, que va del reconocimiento de una posible inteligencia creadora (elocuentemente propuesta tanto por los sacerdotes de Menfis como por san Juan) al dogma de la predestinación. El "pérfido" puente lo constituye el argumento de que dado que la suprema deidad es a la vez artesana de la raza humana y gobernadora del orden del Universo, sus palabras, en consecuencia, han planeado todos los sucesos futuros. Tal servil aceptación de la idea de un curso preordenado para la raza humana puede encontrarse en los versos de un poeta citado por Scheherezade:

> Continúa tu camino y consuélate,
> Hijos de los fieles;
> Él, que moldeó el mundo en sus manos,
> lo sustenta y nos sustenta en sus manos para siempre.
> Lo que Él ha escrito no puedes alterarlo,
> lo que no ha escrito, nunca será...
> Sigue caminando alegre, sin preocuparte ni llevar nada,
> abandonándote todo a Él;
> No temas lo que el hombre pueda hacer, ni te aflijas en el dolor,
> sobre todo, no hagas planes, porque Él ha planeado todas las cosas...
>
> (*Las Mil y Una Noches*)

Los sacerdotes de Menfis han argumentado y especulado para desarrollar los principios ya avanzados de la doctrina del logos. A veces debió de haber acalorados debates sobre la naturaleza de Ptah. Pero de este positivo proceso surgió la cosmogonía menfita inscrita en la Piedra de Shabaka. Si en el Egipto faraónico hubiese existido un ambiente idiotizante de creencias religiosas irrenunciables, se habrían suprimido las iniciativas de los sacerdotes de Ptah para resolver lo que Omar Khayyam llama en los *Rubaiyat* "la querella del Universo".

La Ogdóada de Hermópolis

El-Ashmunein es un asentamiento del Egipto medio que fue en otros tiempos una próspera ciudad que ostentaba un templo impresionante construido en honor del dios Dyeheuti, más conocido por su nombre griego de Tot. Las ruinas son vastas pero están cubiertas, y desbrozarlas exige una dedicación plena, incluso para los especialistas. Aunque algunas expediciones arqueológicas, incluyendo las excavaciones intensivas del Museo Británico de la década de los ochenta, han ampliado nuestro conocimiento sobre diferentes desarrollos de este asentamiento, muchos visitantes sólo podrían recorrer la enorme basílica cristiana construida con las columnas y muros romanos reutilizados. Debido a que la región fue el principal centro de culto de Tot, dios de la sabiduría y transmisor del conocimiento de los jeroglíficos a los antiguos egipcios, los griegos (que hicieron equivalentes a Tot y a su Hermes) se referían a ella como Hermópolis. En la lengua egipcia Hermópolis se llamaba Jemnu, de donde deriva, a través del copto, el nombre árabe moderno de el-Ashmunein. Jemnu significa "ciudad de los Ocho" y era el hogar de ocho divinidades primordiales conocidas normalmente como la Ogdóada (un grupo de ocho).

El mito de la creación que incluye a la Ogdóada es casi científico en su tratamiento de la composición física de la materia primordial. La sustancia cósmica original es vista como más compleja que Nu, aunque Nu se cuente entre los seres míticos que aquélla abarca. Sin duda, la cosmología de Hermópolis carece de la iconografía que rodea al mito del dios Sol de Heliópolis y de la precisión de la teología menfita, pero sus pobres formulaciones probablemente sean el resultado de la casi total destrucción o "no excavación" de material faraónico inscrito en el yacimiento de el-Ashmunein. De hecho, la mayoría de los testimonios sobre la Ogdóada están sacados de monumentos tebanos reunidos en 1929 por el egiptólogo alemán Kurt Sethe en un trabajo magistral titulado "Amun und die acht urgotter von Hermopolis".

El número de ocho dioses o diosas en el mito hermopolitano está lejos de ser fortuito. Podemos ver que cuatro se consideraba como el concepto de una totalidad equilibrada: los egipcios reconocían cuatro puntos cardinales, el mito de Heliópolis le concede cuatro hijos a la diosa Nut y las vísceras extraídas durante el embalsamamiento están protegidas por los cuatro "hijos de Horus" con cuatro diosas guardándolas a su vez. Por consiguiente, el concepto de ocho es la totalidad intensificada, de acuerdo con el ensalmo 76 de los *Textos de los Sarcófagos* (el dios Shu creó ocho "seres infinitos" para ayudarlo a sostener el cuerpo de la diosa cielo).

Los ocho de Hermópolis (estructurados en cuatro parejas) eran entidades personificadas en la materia primordial, con los dioses contemplados como ranas y las diosas como serpientes. En la sucinta fraseología de Henri Frankfort en su polémico *Reyes y dioses,* "...el caos ha sido conceptualizado en ocho extrañas criaturas, adecuadas para habitar en el limo primordial". Los nombres de estas ocho deidades sobreviven, pero es difícil en algunos casos conjurar la imagen mental exacta que los antiguos egipcios se pudieron haber hecho. La siguiente tabla ofrece una noción básica de cada pareja, pero ignora cualquier divergencia conceptual que pudiera haber existido entre los principios masculino y femenino:

Dioses (ranas)	Diosas (serpientes)	Concepto
Nu	Naunet	aguas primordiales
Heh	Hauhet	fuerza de inundación
Kek	Kauket	oscuridad
Amón	Amaunet	dinamismo encubierto

En el caso de Heh, el testimonio filológico muestra de manera convincente que la traducción convencional de "infinitud" confunde dos palabras diferentes con raíces consonánticas semejantes.

En algún momento estas entidades que comprendía la sustancia primordial se influyeron recíprocamente de forma explosiva e hicieron estallar las tensiones equilibradas que contenían en su seno. Los formuladores de la cosmogonía hermopolitana estaban convencidos de que la Ogdóada precedía a la Enéada de Heliópolis y que era la responsable del origen del sol. En consecuencia, de la explosión de energía liberada dentro de la agitada sustancia primigenia, la colina primordial salió a la luz. El lugar se convirtió posteriormente en Hermópolis, pero su emergencia original se describía como la isla de las Llamas porque el dios Sol nació en ella y el cosmos fue testigo del brillante resplandor de la primera salida del sol. La primacía de la Ogdóada en este cataclismo parece haber sido lo más importante del mito de Hermópolis. En términos egipcios, la Ogdóada son "los padres y las madres que empezaron a existir al principio de los tiempos, que hicieron nacer al sol y que crearon a Atum". Los acontecimientos se sucedieron después en el recién creado universo, pero tres parejas de la Ogdóada no se interesaron más por él y permanecieron inconmovibles e inmutables en el vórtice. Amón y Amaunet, sin embargo, unieron su suerte al nuevo orden, y por eso abandonaron Hermópolis por Tebas.

Finalmente, una tumba en Tuna el-Gebel, la necrópolis abandonada de el-Ashmunein, añade una intrigante complicación al mito de la creación. Construida con el estilo de un templo en miniatura poco después de la conquista de Egipto por Alejandro Magno en el 332 a. de C., perteneció a Petosiris, sumo sacerdote de Tot en Hermópolis. Éste era también sacerdote de la Ogdóada, pero su reti-

El dios Tot con cabeza de Ibis, jefe de la Ogdóada de divinidades creadoras de Hermópolis, en su papel de escriba divino en el juicio de los muertos. Ante él están el Devorador de Corazones Perversos y Osiris, dios de los infiernos. Tumba de Petosiris en El-Mazauaka, oasis de Dajla. Período helenístico.

rada de la escena hermopolitana tras el episodio cosmogónico de la isla de las Llamas significaba que Tot había asumido el papel de "Señor de Jemnu". Petosiris en sus inscripciones autobiográficas llama la atención sobre las restauraciones que hizo del complejo templo de Hermópolis, gravemente dañado durante los desórdenes de la segunda dominación persa de Egipto en el 343 a. de C. Éste, en efecto, revitalizó los rituales del templo, redactó una nueva lista de sacerdotes y mejoró sus perspectivas de promoción y además, presidió la ceremonia de fundación de un templo de piedra caliza del dios sol Re, a quien se refiere como "hijo de la isla de las Llamas". Esto concuerda con el mito de Hermópolis, pero hace su aparición en un lugar relevante un nuevo símbolo de la creación. Petosiris describe cómo construyó un cercado alrededor de un área del templo que había sido saqueada por los merodeadores. Él lo llama el "lugar de nacimiento de cada dios" y afirma que con los desperfectos se ultrajó a todo Egipto. El motivo de este ultraje era que las reliquias del huevo cósmico del que salió el dios Sol estaban enterradas allí. Por tanto, una nueva imagen del dios Sol surgiendo de un huevo se había introducido en Hermópolis. Posiblemente este pasaje sea una intrusión en el mito original, desarrollándose alrededor de Tot, que huyó llevando el huevo cósmico a la colina primordial en Jemnu para el nacimiento del dios Sol.

Amón, el creador trascendente

Durante el Imperio Nuevo, los sacerdotes tebanos alcanzaron las cimas de la elocuencia en sus himnos al dios Amón, que elogiaban su carácter incomparable como creador. Al igual que los análisis de la naturaleza del dios sol Atón inscritas en la tumba de Ay en el-Amarna, estas alabanzas, especialmente las estrofas del Papiro Leiden I 350, iban dirigidas a demostrar que todos los elementos del universo físico eran manifestaciones de un único demiurgo. Hay en efecto una conflación de todas las ideas de creación en la persona de Amón, una síntesis que enfatiza cómo Amón trasciende a todas las demás divinidades al estar "más allá del sol y más profundo que los infiernos". Una y otra vez, los sacerdotes poetas egipcios intentaron interpretar la inexplicabilidad de Amón. Su misterio está contenido en su nombre, ya que su esencia es imperceptible, no puede ser nombrado por ningún nombre que aluda a su naturaleza más íntima, y, por tanto, en el nombre de Amón subyace la idea de "lo oculto", cuya mejor traducción probablemente sea "lo que se oculta a sí mismo". Su identidad es tan secreta que ningún otro dios sabe su auténtico nombre. Amón –arriesgándome a cometer un crimen de lesa majestad– es el padrino por excelencia, cuyos socios nunca saben la amplitud de sus implicaciones, de manera que la mejor política es la *omertà* (el código de silencio de la mafia siciliana). En palabras del himno de Leiden, Amón es "demasiado grande para escudriñar en él y demasiado poderoso para conocerlo"; y también se dice con claridad que el castigo por intentar conseguir información no permitida acerca de su identidad es la muerte instantánea.

Amón es sinónimo de crecimiento de Tebas como capital religiosa. Su destacada posición en esta religión está ya atestiguada en el Imperio Medio, especialmente como dios con poderes creadores semejantes a los de la antigua divi-

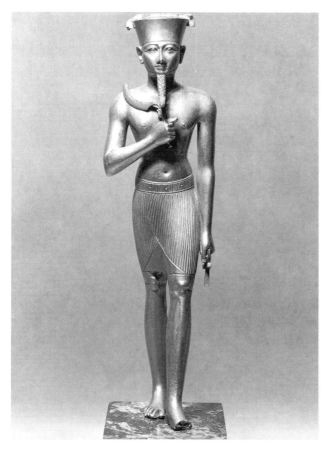

Estatuilla del dios Amón, creador transcendente y divinidad solar, portando el "anj", signo de la vida, en una mano y la cimitarra, símbolo del poder y de las conquistas en el extranjero, en la otra.

nidad itifálica Min, el dios primordial de Coptos. Uno de sus epítetos, el que describe la posesión de una fertilidad inagotable, es "toro de su madre", y la mejor iconografía de Amón en esta faceta puede encontrarse en la capilla períptera de Senwosret I (1971-1926 a. de C.), reconstruida en el museo al aire libre del templo de Karnak. Fue, sin embargo, en los cinco siglos del Imperio Nuevo cuando Amón se convirtió en jefe indiscutido del panteón egipcio (salvo durante un eclipse de dos décadas, cuando el "disco solar" del faraón Ajenatón fue promovido al puesto de dios supremo). Amón como gobernante universal debido a su título de "Señor de los tronos de las Dos Tierras" y "Rey de Dioses" tenía templos construidos para él en Tebas, tan impresionantes que los rumores del esplendor de Tebas se extendieron más allá de las fronteras de Egipto hasta llegar al mundo de los compositores de la poesía épica griega, como se ve en los comentarios de Aquiles sobre Agamenón:

Sus presentes me son odiosos, y hago tanto caso de él como de un caballo. Aunque me diera diez o veinte veces más de lo que poseo o de lo que a poseer llegare, o cuanto entra ... en Tebas de Egipto, cuyas casas guardan muchas riquezas –cien puertas dan ingreso a la ciudad y por cada una pasan diariamente doscientos hombres con caballos y carro– ... ni aun así aplacaría Agamenón mi enojo, si antes no me pagaba la dolorosa afrenta.

(De la *Ilíada* de Homero, canto IX)

23

Obviamente, había capillas dedicadas a él por todo Egipto y en el período que siguió al Imperio Nuevo los monarcas de las Dinastías XXI-XXII (en torno a 1070-715 a. de C.) reutilizaron los monumentos colosales del reinado de Rameses II para construir un enorme templo para Amón, el equivalente septentrional de Karnak en Tanis, en la zona del delta. Pero es mirando a las estancias con columnas, a los obeliscos, las estatuas colosales, los relieves murales e inscripciones jeroglíficas de los templos tebanos, como obtenemos la verdadera sensación de la superioridad de Amón. Tebas era naturalmente considerada como la ubicación del surgimiento de la colina primordial en el origen de los tiempos. Era la "ciudad" suprema y todas las demás ciudades de Egipto sólo podían intentar imitarla y lograr un pálido reflejo de ella.

En el mito hermopolitano de la creación, Amón es una de las fuerzas elementales de la Ogdóada. Pero como única deidad de la teología tebana es trascendental, está por encima de la creación y preexiste a los esfuerzos conjuntos de la Ogdóada para que la colina primordial surja. Los intelectuales tebanos debieron de haber debatido mucho y durante mucho tiempo para lograr resolver este problema. Amón como "El que se hizo a sí mismo" se autogeneró para empezar a existir antes de que todas las demás sustancias existieran. Sin detalles específicos de este suceso misterioso, la atmósfera de esta ocasión se evoca por la imagen de su "fluido" soldándose con su cuerpo para formar un huevo cósmico. Una vez surgido, Amón forma la materia primitiva, los elementos de la Ogdóada de la que él forma parte. Respecto a esto último, se convierte en el "Primero que hace nacer a los primeros". Pero el universo estaba oscuro, silencioso e inmóvil. Parece que Amón fue la explosión de energía que impulsó a la Ogdóada a la acción. Kurt Sethe en su monografía interpretó el rol de Amón como semejante al del "Espíritu de Dios" en el Génesis, que "se movía sobre la faz de la tierra"; en otras palabras, Amón era una estimulante brisa sobre las aguas primordiales, agitándolas en un vórtice del cual la colina primordial había surgido. Es ésta una sugerencia tentadora y la noción de viento está de acuerdo con la invisibilidad de Amón. El Himno de Leiden da otra graciosa versión de la creación. El escenario es el tranquilo cosmos en el que repentinamente suena con estruendo la voz de "gran graznador" que "abre cada ojo" provocando una conmoción en el cosmos. Amón, bajo la forma de la oca primigenia, puso todo el proceso de la creación en movimiento con su grito penetrante.

Los teólogos desarrollan extensamente la idea de que aparentemente todas la deidades importantes son meras proyecciones de Amón. De aquí que no caiga en el olvido con la Ogdóada de después de la creación, sino que se convierte en Ta-tenen, la colina primigenia. Él se desarrolla como dios Sol, lejano en el cielo, rejuveneciendo continuamente en el ciclo ocaso/aurora. Así pues, su nombre en los monumentos como Amón-Re son legión. La Enéada de Heliópolis es una manifestación de Amón. De hecho, cada dios es una imagen proyectada de Amón, y tres dioses en particular forman una unidad que es "Amón": Re es su cara, Ptah es su cuerpo, y Amón su identidad oculta.

Como posdata podemos mencionar un aspecto de Amón como deidad primigenia que está probablemente restringido a la región tebana. Si el dios creador y asimilador de otras deidades descrito en el himno de Leiden resultase demasiado filosófico e intangible para algunas mentes, entonces los sacerdotes tebanos podían facilitar una imagen muy concreta de Amón como ser primordial. En el banco occidental de Tebas hay un asentamiento llamado Medinet Habu, muy visitado por el imponente templo funerario del faraón Rameses III (1194-1163 a. de C.). Dentro de sus murallas hay otro templo situado al norte de la puerta fortificada occidental. Su construcción en su hechura actual data desde la Dinastía XVIII, en los reinados de Hatshepsut y Tutmosis III (que empieza en torno al 1479 a. de C.), hasta la ocupación grecorromana en el reinado de Antonino Pío (138-161 d. de C.). La estatua de Amón de Karnak debía ser llevada regularmente a este santuario con el exclusivo propósito de cumplimentar a su ancestro, una forma primera de sí mismo imaginada como una serpiente. La serpiente se describía como "Kem-atef" o "El que ha completado su momento". Esto podría ser una referencia a la velocidad de un dardo que tiene una serpiente, obteniéndose con ella una inherente analogía de la explosión de energía de Amón en la creación. Podría también hacer referencia a la serpiente mudando su piel, y de ahí el que simbolice el poder procreador de Amón y el ciclo continuo de la renovación de la vida. El escritor griego Plutarco (en torno al 40-120 d. de C.) describió la serpiente como "Knef", mencionando que los habitantes de Tebas la adoraban, excluyendo a todos los demás dioses. En esta afirmación Plutarco estaba sin duda equivocado, pero los epítetos usados por él para la serpiente están sacados de tradiciones que reflejan con exactitud la forma ancestral de Amón como "no engendrado e inmortal".

Jnum y la teogonía tebana

El dios Jnum, un dios con cabeza de carnero de la región de la cataratas del Nilo, introduce un nuevo énfasis en los mitos de la creación cuyo tema prin-

El dios creador Jnum en su manifestación como carnero. En su templo de Esna el mito explicaba cómo Jnum creó a la humanidad en el torno de alfarero. Período Tardío.

cipal es la creación de la humanidad. Se creía que él había moldeado la forma del hombre en un torno de alfarero. En otros sitios, en los mitos heliopolitanos y hermopolitanos, por ejemplo, la raza humana es ignorada en favor de los temas cósmicos. Pero en el mito de Jnum hay un vínculo progresivo entre los dioses y la gente del mundo. El carnero, la criatura sagrada de Jnum, es un símbolo de la procreación en el mundo natural. En Asuán, en la catarata del Nilo, Jnum controlaba las cavernas de Hapi, el dios de la inundación. Antes de los proyectos de irrigación de Asuán, que culmina en la Presa Alta (que destruyó el régimen natural del Nilo), el río se desbordaba anualmente. El agua cubría los campos y, al retroceder, dejaba una rica capa aluvial que había transportado desde el Sudán. En el fértil lodo los agricultores egipcios cultivaban cebada y el trigo emmer y las cosechas normalmente daban como resultado un excedente de grano: como consecuencia, inundación significaba prosperidad, y Jnum, su controlador, era visto como un benefactor del pueblo de Egipto. Las ruinas de un santuario dedicado a Jnum como "Señor de la catarata" se extienden por el confín meridional de la isla de Elefantina en Asuán.

En el templo de Esna en el Alto Egipto, Jnum era celebrado como creador de todo el pueblo. El pueblo de Esna hoy en día, exceptuando la escasa arquitectura islámica de calidad, es un escuálido racimo de construcciones. La principal calle que lleva al templo desde el río está justamente al norte de la antigua entrada ceremonial, ahora enterrada profundamente bajo la ciudad moderna. Todo lo que perdura del templo de Jnum es la sala hipóstila, que es fundamentalmente de época romana. Las inscripciones de las columnas y muros están hechas en la forma voluntariamente complicada de la escritura jeroglífica fomentada por los sacerdotes escribas de la época grecorromana. Sin embargo, de las liturgias e himnos grabados en Esna es de donde obtenemos la percepción más clara de Jnum como creador y dios del torno de alfarero.

Las acciones de Jnum al moldear el cuerpo humano se mencionan explícitamente y perduran como un registro anatómico detallado. Él hizo que la corriente sanguínea fluyese sobre los huesos y unió la piel al armazón del cuerpo. Puso un sistema respiratorio en el cuerpo, así como las vértebras para soportarlo y un aparato para la digestión. En consonancia con sus responsabilidades procreadoras, ideó los órganos sexuales para que permitiesen un máximo confort sin perder por ello la eficiencia durante las relaciones sexuales. Supervisó la concepción en la matriz y dio inicio a las épocas de trabajo. Recitado en la Fiesta del Torno del Alfarero, el himno mencionado debía de semejarse a un manual médico versificado. Otras descripciones destacan que el trabajo de Jnum en el torno es un proceso continuo y no únicamente restringido a los egipcios, sino que también abarca a los que hablan lenguas extranjeras. Él es, pues, un creador universal que formó a los dioses y a las gentes, a los animales, los pájaros, los peces y reptiles.

Se ha sugerido que la idea de Jnum moldeando un ser humano en un torno de alfarero, que se remonta muy atrás en Egipto en los relieves e inscripciones del templo de Esna, podría haber influido en las tradiciones que el poeta griego Hesíodo (en torno al 700 a. de C.) usó para la conformación de Pandora, que describe tanto en la *Teogonía* como en los *Trabajos y los días*. En ellas

Zeus ordenó a Hefesto que moldease una mujer hecha de arcilla, Pandora, que traería a la humanidad miserias sin límites. Pero es muy probable que el concepto hesiódico de Pandora pertenezca a una tradición independiente (ciertamente las intenciones maliciosas de Zeus están lejos del espíritu del filántropo Jnum). También hay fabulaciones tardías en el Oriente Medio en torno a la idea de creación de personas en el torno. Por ejemplo, Omar Khayyam, en los *Rubaiyat,* presenta la escena de una tienda de cerámica en Irán, probablemente en Naishapur, en torno al 1200 d. de C. Las "gentes de arcilla" conversan unos con otros con un *angst* típicamente humano: "Luego otro dijo: –Seguramente en vano fue tomada de la tierra mi sustancia, puesto que Aquel que sutilmente me dio forma me reintegrará de nuevo a la tierra."

Ahora podemos pasar del encomio general de Esna sobre la importancia de Jnum para la vida humana a un encargo que el dios Amón le confió en Tebas. El episodio se conoce como la "Teogonía tebana". Ésta describe el "matrimonio" (en realidad un breve encuentro sexual) entre el dios Amón y la gran esposa real. De hecho, hay dos ejemplos de la teogonía tebana en los templos tebanos: uno relacionado con el nacimiento de la reina Hatshepsut en Deir el-Bahri y el otro, que será el que aquí trataremos, que concierne al faraón Amenhotep III (1391-1353 a. de C.).

La forma procreadora de Amón, con su energía autorrenovadora evocada por el epíteto "Ka-mutef" o "toro de su madre", predomina en el templo de Luxor a la orilla derecha de Tebas. Cerca del santuario, que en su forma actual lleva las cartelas de Alejandro Magno, Amenhotep III dio orden de construir un apartamento en el que los resultados de la inagotable fuerza sexual de Amón pudieran desplegarse en una serie de relieves que realzaban la propia divinidad del monarca. El faraón era llamado desde la época de las pirámides en adelante (especialmente desde el 2500 a. de C.) "Hijo del dios Sol", esto último además de ser la temprana manifestación del dios Horus. Los relieves en arenisca de Luxor, hoy en día horadados de forma horrenda, definen su parentesco con el dios creador (el *status* que ahora recae en Amón) en un documental de una "boda real".

A partir de los jeroglíficos resulta que Amón, "El que se oculta", tomó bajo la forma de Tutmosis IV (1401-1391 a. de C.) un aspecto tranquilizador para la reina implicada, con el propósito de llevar a cabo la proyección terrenal de sí mismo. Sin embargo, las representaciones de Amón en su iconografía tradicional lo presentan como un dios imponente: antropomorfo, con barba propia de deidad con la punta rizada y una corona con dos largas plumas. La primera escena desde el punto de vista cronológico muestra a la reina Mut-em-uiya, la gran esposa real de Tutmosis IV, sentada frente a Amón en un largo sofá que puede leerse también como el jeroglífico de "cielo". Así pues, podemos presumir que el escenario es, simbólicamente, el lugar de Amón en los cielos, muy alejado de la habitación del palacio. La unión sexual se representa de forma discreta (tanto Mut-em-uiya como Amón están vestidos con sus atuendos de lino, pero sus piernas están enredadas); la mano derecha de Amón tiende el "anj", el signo de la vida, hacia la nariz de Mut-em-uiya para que ella aspire en él la vitalidad. Éste es el momento del orgasmo y de la trasmisión del semen del Dios a la Reina.

Aguantando el sofá-cielo con sus cabezas y agarrando los pies del Dios y de la Reina aparecen la diosa-escorpión Serket y la diosa demiurgo Neit.

La escena siguiente trae Jnum a escena. Amón, llevando su cetro de soberanía y el signo de la vida, se acerca al dios con cabeza de carnero Jnum, que lleva insignias regias semejantes. Se le dan instrucciones a Jnum. Ahora Jnum ocupa el lugar que le corresponde. Se sienta sobre un trono, sus manos descansan sobre las cabezas de los dos seres infantiles que acaba de moldear, que están sobre el estilizado torno de alfarero. Una de las figuras es el rey Amenhotep III, y la otra representa a "ka" o fuerza vital eterna del faraón. La diosa Hathor, que en un sentido es la guardiana de la realeza, se sienta junto al torno y tiende el "anj" hacia las dos figuras. El misterio rodea, por tanto, el método que usó Jnum para la implantación de estos dos seres moldeados en la entrañas de la Reina. Luego se nos muestra el nacimiento de Amenhotep III. La reina Mut-em-uiya está sentada en una silla cúbica que aparece sobre un gigantesco sofá acabado con remates con cabeza de león. Tanto su postura como su silla son estilizaciones de situaciones de la vida real en las que las mujeres se arrodillaban sobre el "ladrillo del embarazo" (que representaba a la diosa Mesjenet) para dar a luz. Dos comadronas sostienen por los brazos a Mut-em-uiya, pero desgraciadamente hay una gran hendidura en la arenisca dañando los detalles alrededor del abdomen de la reina. Los relieves que lo rodean, no obstante, indican que el parto de Amenhotep III y su "ka" se ha efectuado con éxito.

La teogonía tebana es incapaz de cualquier interpretación que sugiera que Amón está abusando de sus prerrogativas como Dios supremo para gozar una noche con la reina de Egipto. Su unión poco tiene que ver como la lujuria indiscriminada de ciertas deidades griegas en las que obviamente pensaba Lord Byron cuando escribió:

> Lo que los hombres llaman galantería, y los dioses adulterio,
> es mucho más normal cuando el clima es bochornoso.

(Don Juan, *Canto* I:LXIII)

En Egipto, para el faraón-dios ser proclamado descendiente del Rey de los dioses era un mito propagandístico dirigido a situar jerárquicamente a los monarcas como los segundos en el gobierno del cosmos. La reputación de su predecesor no quedaba en absoluto empañada. La reina era elevada, aunque momentáneamente, al rango de consorte del Dios supremo, alcanzando una intimidad con él a la que no accedía el propio faraón. El dios Amón se manifestó en una premeditada aventura con Mut-em-uiya con el fin de engendrar un futuro regente que gobernase Egipto en su nombre. En palabras de *Leda y el cisne,* de W. B. Yeats, la reina de Egipto en su aventura con el Rey de los dioses pudo "haber tomado parte de su conocimiento y su poder". Además, la preocupación que muestra Amón en asegurarse de que su heredero al trono de Egipto fuera totalmente inatacable, por medio de una introducción extraterrena de ADN, crea un estilo que está a años luz de las pasiones turbulentas del dios griego Zeus, que condujeron al desastre de:

> Los muros caídos, los tejados y la torre en llamas
> y Agamenón muerto.❐

El mito de la realeza

L a sucesión legítima de un faraón al trono de Egipto era, por una parte, un asunto eminentemente práctico, que posiblemente implicaba un período estabilizador de corregencia con el monarca anterior, y, por otra, un acontecimiento sacralizado por un precedente mítico. El dogma básico del culto real afirmaba que el faraón era la manifestación terrena del dios cielo Horus. Por tanto, el mito de la transmisión de la realeza de Osiris, por medio de las maquinaciones de Isis, a su hijo Horus es vital para entender el *status* y el poder del soberano en Egipto y por eso se explica aquí.

Los registros desde los que se puede ensamblar y comprender el mito de la realeza son de naturaleza y fecha variables. En el caso de Osiris como monarca de Egipto, antes de su partida para convertirse en rey de los infiernos, me he centrado en los *Textos de las Pirámides,* los conjuros de las sepulturas de los cortesanos del Imperio Medio y en la estela de Amenmose en el Museo del Louvre. La antiguas fuentes egipcias son notoriamente reticentes a tratar la muerte de Osiris y la usurpación del trono por Set, pero hay referencias intrigantes como la de la estela de Ijernofret en el Museo de Berlín (n.° 1.204) y la de un papiro ptolemaico (n.° 3.008 del Museo de Berlín) relativos a la aflicción de Isis. He utilizado el Papiro Chester Beatty I, un papiro extremadamente vivaz del Museo de Dublín, como documentación de los violentos, salaces e hilarantes episodios de la lucha entre Set y Horus por el trono. La reivindicación definitiva de Horus como legítimo gobernante de Egipto se apoya en la Piedra de Shabaka, el Papiro Dramático del Rameseo del Imperio Medio y la obra que trata la aniquilación de Set inscrita sobre los muros del deambulatorio del Templo de Edfú, del período ptolemaico. Finalmente, al término del mito tal como se encuentra en las fuentes faraónicas, he añadido una breve sinopsis del relato titulado "Sobre Isis y Osiris" del autor griego Plutarco (en torno al 40-120 d. de C.), en el que elementos egipcios originales se han entrelazado con conceptos helenísticos.

El asesinato de Osiris

Desde el mito de la creación ideado por los sacerdotes de Heliópolis, podemos observar un inteligente vínculo entre las deidades cósmicas y los dioses y diosas que figuran en la narración de la transmisión de la realeza. Geb, el dios tierra, y Nut, la diosa cielo, tuvieron cuatro hijos: Osiris, Isis, Set y Neftitis. En esta genealogía hay una filiación que va desde el dios Sol creador hasta el poseedor del trono de Egipto. Osiris fue el primogénito de la descendencia de Geb y Nut. Su lugar de nacimiento estaba cerca de Menfis, en Rosetau, en la necrópolis del desierto occidental. Este lugar era especialmente adecuado para el nacimiento de Osiris, ya que su rol preeminente es el de dios de los infiernos y Rosetau, o "Boca de los pasadizos", es la entrada simbólica al reino infernal de Osiris. Un epíteto que originalmente pertenecía a una deidad funeraria de Abido y que lleva frecuentemente Osiris es "Jentamentiu", o "Jefe de los occidentales", título que igualmente enfatiza el *status* de Osiris como gobernante de los que están enterrados en los cementerios del desierto, donde sus espíritus esperan entrar a los infiernos.

Como hijo mayor de Geb y Nut, Osiris heredó el derecho a gobernar la tierra de Egipto. En las tradiciones de la realeza conservadas en el papiro del Imperio Nuevo, conocido como la Lista Real de Turín, Egipto, en épocas predinásticas, estuvo bajo el gobierno de una sucesión de dioses: Ptah, Re, Shu, Geb, Osiris, Set y Horus. (Aquí tenemos que pasar por alto su continuación con Tot, Maet y los Seguidores de Horus.) La consorte de Osiris era su hermana Isis, dando así un prototipo divino de matrimonio entre hermanos o medio hermanos en el seno de la familia real. La prosperidad de Egipto durante su reinado es evocado con elocuente fraseología en la estela de Amenmose (hacia el 1400 a. de C. durante la Dinastía XVIII) del Museo del Louvre. Allí Osiris es descrito gobernando todos los recursos y elementos, de manera que trae buena suerte y abundancia al país. Por su poder, las aguas de Nu están bajo control, del norte soplan brisas benéficas, las plantas florecen y todos los animales procrean adecuadamente. Igualmente, Osiris recibe un inmenso respeto por parte de los demás dioses y gobierna el sistema de las estrellas celestes. De sus centros de culto en Egipto, los principales son el santuario del delta medio en Dyedu (Busiris) y su templo del Alto Egipto en Abido. Sus insignias reales son el báculo, el mayal y la corona alta "atef" con plumas, descrita como "que penetra en el cielo". Al igual que muchas narraciones a lo largo de la historia, empezamos con un rey y una reina benevolentes y triunfantes, Osiris e Isis, que gobiernan en una edad de oro.

Esta idílica escena se ve destrozada por la usurpación del trono por Set, el hermano rival de Osiris. La tradición sostenía que Set salió por sí mismo del vientre de Nut en el Alto Egipto, en Naqada, donde se erigió después su templo principal. La violencia y el caos son los atributos de Set, pero, a pesar de esta "mala prensa", en el mito de la realeza no debemos pasar por alto el hecho de que hay ocasiones en las que este dios tiene un fuerte apoyo. Evidentemente, con los datos arqueológicos de que disponemos actualmente, Set es un dios más antiguo que Osiris, ya que encontramos la criatura compleja que lo representa en la cabeza de maza del rey Escorpión, un gobernante del Alto Egipto, que se conserva en el Ashmolean Museum de Oxford. (Hasta el momento, no hay ninguna prueba de la existencia de Osiris antes de la V Dinastía, hacia 2465 a. de C.) El animal que representa a Set tiene una probóscide con una ligera forma de luna creciente y dos proyecciones verticales en lo alto de la cabeza, y, si se representaba en forma de cuadrúpedo en vez de una cabeza sobre un cuerpo antropomórfico, un rabo erecto y bifurcado.

En los *Textos de las Pirámides* hay sugerentes referencias a que Osiris sufrió un ataque de esta criatura. Se le describe como "cayendo de costado" sobre las riberas del río en Nedyet en el distrito de Abido. Este asesinato está confirmado

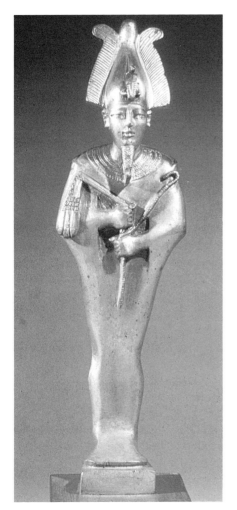
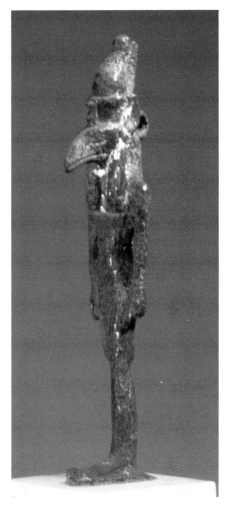

ARRIBA A LA IZQUIERDA: *El dios Osiris, que en la mitología de la realeza hereda el trono de Geb, fue asesinado por Set, convirtiéndose en gobernante de los infiernos. Su característica corona, "atef", tiene cuernos de carnero y plumas de avestruz. Bronce del Período Tardío.*
ARRIBA A LA DERECHA: *Set, dios de las fuerzas del caos y rival de Osiris y Horus en la mitología de la realeza. Fuera de esta mitología, Set era considerado como una deidad antigua y prestigiosa. Aquí, encima de la cabeza de su criatura heráldica, lleva la Doble Corona de faraón. Bronce del Período Tardío.*

por la aflicción mostrada en el llanto de Isis. Los conjuros pintados sobre los sepulcros de los cortesanos del Imperio Medio identifican al asesino de Osiris inequívocamente como Set, y afirman que atacó a Osiris en Gahesty y que lo mató a la orilla del río en Nedyet. Estos detalles dispersos reflejan el horror que tenían los egipcios al asesinato del monarca y a un traspaso violento del poder —no era éste un tema que se desarrollara o en el que se explayaran. Es interesante tener en cuenta que históricamente hay pocas situaciones de golpes de Estado sangrientos en los primeros dos mil años del Egipto dinástico. De hecho, hay unas cuantas inscripciones que intentaban acabar con la idea de que Osiris había sido asesinado –aunque la secuencia de los acontecimientos posteriores resulta incoherente sin su muerte. Un ejemplo es el himno de la estela de Amenmose en el que Osiris es descrito como invencible, destructor de enemigos y aplastador de conspiradores, aunque un poco después aparece en el texto Isis buscando su cuerpo. Igualmente, la valiosa inscripción de la estela de Ijernofret del Museo de Berlín reinterpreta el suceso como procesión de victoria de los seguidores de Osiris. Esta estela da una idea de los rituales en honor de Osiris que se celebraban en su principal centro de culto en Abido. Ijernofret era un oficial del rey Senwosret III (1878-1841 a. de C.), comisionado por el faraón para organizar la Fiesta Anual de Osiris en Abido y adornar con oro la imagen sagrada del dios. Durante las ceremonias la estatua de Osiris con las insignias de la realeza, engalanada de lapislázuli, oro y turquesas, era transportada en la barca "Neshmet". La antigua deidad canina Uepuauet ejercía de campeón de Osiris durante esta procesión. Aquí se continúa con el intento de supresión del asesinato de Osiris: la barca "Neshmet" es atacada simbólicamente, pero durante el combate son los enemigos de Osiris los que mueren en el río en Nedyet. De forma ilógica, la siguiente escena de la ceremonia es la conducción de la barca funeraria de Osiris a su tumba en el desierto de Abido en Peqer. Por cierto, esta tumba fue localizada en las rocas del desierto en la región llamada por los árabes "Umm el-Ga'ab" o "Madre de la Cerámica", por la enorme cantidad de cerámica ofrecida en el monumento real del dinástico primitivo que ha sido reinterpretada como sepultura del dios.

Con la muerte de Osiris, Set se convirtió en el gobernante de Egipto, con su hermana Neftitis como su consorte. Sin embargo, las simpatías de Neftitis están con su hermana Isis, que está muy turbada por la muerte de Osiris. Isis decide usar sus inmensos poderes mágicos para recobrar el cuerpo de Osiris y hacerlo resucitar durante el tiempo necesario para concebir un hijo que vengue la monstruosa usurpación y el asesinato. Infatigablemente, ella y Neftitis vagan por Egipto lamentándose por Osiris, hasta que al final su cuerpo se encuentra en Abido. Otros centros de culto reclamaban para sí ser el lugar de reposo del cuerpo de Osiris, o partes de él, como Abatón en la isla de Biga, justo al sur de la primera catarata del Nilo en Asuán o Heracleópolis, en la que el enterramiento se creía que estaba bajo el "Árbol Naret", pero es en Abido donde encontramos la documentación más completa del siguiente período del mito.

Así pues, entremos en la capilla del dios Sokar en el templo del rey Setos I (1306-1290 a. de C.), en Abido. Este templo tiene fama por conservar los más exquisitos relieves del arte egipcio que han llegado hasta nosotros, principalmente en los siete santuarios y en el grupo de compartimientos interiores dedicados a Osiris, Isis y Horus. El santuario de Sokar ha sufrido graves daños, pero dos representaciones dan indicaciones visuales explícitas del embarazo de Isis por la semilla de Osiris. En la inscripción de Amenmose, la diosa Isis descubre el cuerpo de Osiris, le da sombra con sus alas (ella tomaba también la forma de milano) y crea el aliento de vida con sus alas, de manera que Osiris revive de la muerte y la deja embarazada. Igualmente, en las murallas del templo de Abido este acto de procreación implica la magia de Isis y su transformación en halcón para recibir la simiente de Osiris. Una representación muestra a Isis y (por adelantado) a Horus a ambos extremos del lecho con cabeza de león para la momificación. Osiris, cuya putrefacción ha sido contenida por la destreza de Isis, levanta un brazo hacia su cabeza que Isis sostiene, y agarra su falo con la otra mano para estimularlo hasta el orgasmo. La otra descripción es la continuación de la anterior, con Isis en forma de halcón comprimiéndose sobre el falo de Osiris. Ahora el rol de Osiris en el mito de la realeza de Egipto se ha consumado. Desciende a Duat, los infiernos, y reina allí como Señor de la Eternidad. En el pensamiento religioso egipcio lo importante no era el primitivo gobierno de Osiris, sino el milagro de su resurrección de entre los muertos, ofreciendo la esperanza de una continuidad de la existencia de cada persona en los infiernos, donde uno de los títulos de Osiris lo proclama como "Gobernante de los vivos". Como se puede observar, la principal protagonista ha sido la diosa Isis, cuyo nombre en jeroglífico contiene el símbolo del trono.

La venganza de Horus

El hijo de Isis y Osiris es el dios halcón Horus. Su nombre significa "El que está muy arriba", que deriva de la imagen del halcón volando muy alto. Horus es una divinidad compleja en la que se han mezclado conceptos que no están directamente implicados en el mito de la realeza –la idea del dios como un niño vulnerable, o como el halcón celeste cuyos ojos son el sol y la luna. Sin embargo, los diferentes elementos están diestramente entretejidos en un tapiz, cuyos diferentes énfasis sumados dan un total que es el dios Horus, con el que se identificaba el soberano de Egipto.

El halcón Horus, dios de la realeza. Bronce del período ptolemaico.

Horus nació en el nordeste del Delta, en Jemnis. Para ponerlo a salvo de Set, Isis escondió a Horus en los pantanos de papiros. Durante su primeros años se llama Har-pa-jered o "el niño Horus", al que los griegos se referían como Harpócrates. Es vulnerable y depende de la protección de la magia de la diosa Isis para su protección (véase el capítulo Isis *"la Gran Maga"*). Cuando alcanza la madurez como Har-uer u "Horus el Anciano" (Haroeris en griego), está listo para luchar por su legítimo patrimonio, el trono de Egipto, pero, como veremos, la diosa Isis todavía juega un papel crucial para ayudarlo a conseguir este fin.

Horus reclama la realeza de Egipto ante un tribunal de grandes dioses presidido por el dios sol Re de Heliópolis. Ha elegido un momento propicio para presentar su caso, cuando Tot, dios de la sabiduría, está obsequiando al dios Sol con el "Ojo Sagrado", símbolo del orden cósmico, de la justicia y de la realeza. El dios aire Shu requiere la inmediata aprobación de la reclamación de Horus y Tot añade que tal decisión sería "justa un millón de veces". Isis, excitada, prepara el viento del Norte para que lleve las buenas nuevas a Osiris a los infiernos. Sin embargo, los dioses han comenzado a actuar prematuramente, ya que Re interviene para explicar que su decisión no ha sido ratificada por él. Lamenta que insistan en que Horus ya posee el anillo del nombre real (es decir, el cartucho en el que se escribían en jeroglífico dos de los cinco nombres de un monarca) y la Corona Blanca del Alto Egipto. Set sugiere que él y Horus deberían salir de la Sala de justicia y resolver el problema con un combate cuerpo a cuerpo. Tot intenta retornar a las nociones de los procedimientos de un Tribunal de justicia y pone énfasis en que Horus tiene un buen fundamento, ya que es hijo de Osiris. El dios Sol, no obstante, no se deja convencer y prefiere claramente a Set "grande en fuerza".

Así se llega a un callejón sin salida que dura ochenta años. Para intentar una solución, al final los dioses acuerdan enviar una carta a la gran diosa creadora Neit. La carta se remite en nombre de Re y se expresa en términos de deferencia a la diosa, buscando su consejo. En contraposición, de Neit llega una respuesta corta e impaciente, recalcando los claros argumentos en favor de Horus, que debería heredar el cargo de Osiris –de otra manera, "el cielo se desplomaría" por esta ofensa contra la justicia. Neit también es una astuta jueza, ya que se da cuenta de que se le debe dar a Set un premio de consolación, e insta a Re a darle a sus dos hijas Anat y Astarté en matrimonio. Estas diosas del Oriente Medio habían sido incorporadas al panteón egipcio en el Imperio Nuevo, como también lo habían sido los importantes dioses Baal y Reshep. Dado que Set tiene un parecido con los dioses guerreros extranjeros, el don de estas dos diosas era muy adecuado. Los dioses del Tribunal aprobaron el consejo de Neit, a excepción de Re. Él encuentra la decisión totalmente inaceptable y se vuelve contra Horus para insultarlo. Acusa a Horus de ser un cobarde, un jovencito con halitosis y, decididamente, de no ser lo suficiente fuerte para ejercer el poder. El tribunal de dioses se irrita y un dios menor llamado Baba tiene la osadía de decirle a Re: "Tu santuario está vacío", lo que equivale a decir que nadie lo volverá a tomar en serio nunca más. Ahora Re da muestras de una tremenda sensibilidad a este comentario, abandonando el tribunal para irse a su pabellón y enojarse. La situación se endereza, no obstante, gracias a Hathor, "Señora del sicómoro meridional", que es otra hija de Re y una diosa del amor y del gozo. Hathor va al pabellón de Re, se para ante él y se quita su ropa para mostrar su desnudez. Por algún motivo esto ocasiona que Re se ría a carcajadas. Entonces vuelve a la Sala del tribunal y dice a Horus y a Set que presenten sus casos.

Set, que es descrito en este papiro como jactancioso y fanfarrón, declara que merece el trono de Egipto en virtud de su fuerza invencible. Sólo él es capaz de rechazar a Apofis, el archienemigo del dios Sol, en el viaje a través de los infiernos. Este argumento es aceptado, ya que Apofis es una amenaza real para la existencia del cosmos. Pero Tot y Anhur (un dios guerrero que tuvo su origen cerca de Abido) preguntan si es legal otorgar a un hermano una herencia si el hijo es capaz de hacerse cargo de ella. En contrarréplica se arguye que Set, al ser el mayor de los dos litigantes, merece el cargo. (Es aquí donde el papiro se refiere a Horus y Set como hermanos, una tradición independiente mezclada en el relato de "tío-sobrino".) En este momento, Isis pierde la paciencia e interviene en favor de Horus, ganándose la simpatía del Tribunal. Esto enfurece a Set, que amenaza con matar cada día a un dios con su cetro de 4.500 libras, y jura en nombre de Re que no reconocerá ningún Tribunal en el que participe Isis. Re traslada entonces el procedimiento judicial a una isla, dando orden al barquero Nemty de que no cruce a ninguna mujer que se parezca a Isis.

Pero esta maniobra subestima la astucia y la magia de Isis. Disfrazada como una vieja que lleva un cuenco de harina y un anillo con un sello de oro, Isis se acerca a Nemty. Su petición es la de que el barquero la cruce a la isla para que ella pueda darle la harina a un joven pastor que ha estado cuidando el ganado durante cinco días. Nemty la informa de que ha recibido órdenes de no cruzar en barca a la isla a ninguna mujer, pero tiene que reconocer que la vieja no se parece a la diosa Isis. Con una pincelada de realismo, empieza el regateo sobre el precio del viaje, algo con lo que uno aún se puede encontrar hoy en día en Egipto. Nemty desdeña el pastel que le ofrece Isis, y sólo acepta cruzarla a cambio del anillo de sello de oro, que recibe a su debido tiempo.

Una vez en la isla, Isis ve que los dioses están comiendo pan en un momento de descanso y tras pronunciar un ensalmo para convertirse en una hermosa joven llama la atención de Set, que se excita inmediatamente con el deseo. Set acude entonces junto a Isis, y ésta logra inteligentemente con un ardid que Set admita su culpa: ella pretende ser la viuda de un pastor cuyo hijo está siendo amenazado por un forastero con confiscarle el ganado de su padre y expulsarlo de su hogar; en consecuencia implora a Set que actúe como defensor de su hijo. Set es presa entonces de una gran indignación por la injusticia que sufren ella y su hijo, cosa que es, por supuesto, lo que Isis esperaba, dado que, por analogía, tal es la disputa por la herencia de Osiris. Por su propia seguridad, Isis se transforma en un milano real y vuela hacia una acacia, diciéndole a Set que su propio veredicto lo ha condenado. Sorprendentemente, Set rompe a llorar y se va para quejarse ante Re del truco de Isis. Re no tiene más opción que decirle a Set que no había sido demasiado brillante al condenarse a sí mismo.

Entonces éste muestra un arranque de rencor y pide que Nemty el barquero sea traído ante el Tribunal. Nemty es hallado culpable de desobediencia, y como castigo se le cortan los dedos de los pies. La corte se traslada ahora a una montaña del desierto occidental. El Tribunal concede el trono de Egipto a Horus, pero la ejecución de esta decisión se ve impedida por la petición de Set de desafiar a Horus en combate.

De este modo, empieza una serie de episodios dirigidos a desacreditar a Set. El primero es casi ridículo. Set desafía a Horus a convertirse ambos en hipopótamos y sumergirse en el agua durante tres meses. Si uno de los dos sale a la superficie antes de tiempo, perderá sus derechos al trono. Horus está de acuerdo y ambos se hunden en el agua transformados en hipopótamos. Isis repentinamente se inquieta mucho por si Set intenta matar a su hijo bajo el agua, y decide eliminarlo. Hace un arpón de cobre y lo lanza cuando ellos se sumergen. Su primer lanzamiento yerra el blanco e hiere a Horus. Se lo saca cuando él, naturalmente, se queja. En su segundo intento, da en el blanco, pero cuando le suplica diciendo que hay entre ellos vínculos de sangre hermano-hermana, ella se apiada y le saca el arpón del cuerpo.

La siguiente secuencia es muy extraña. Horus sale del agua furioso contra Isis por perdonarle la vida a Set. Le corta la cabeza y se la lleva con él a las montañas del desierto. El cuerpo de Isis se convierte en una estatua de pedernal descabezada. Re le pregunta a Tot que a quién representa la extraña estatua decapitada. Tot le cuenta a Re lo que ha pasado y Re se enfada y afirma que Horus será castigado y da orden de que se le busque por el desierto. (En algún momento, que el papiro no menciona, será devuelta la cabeza de Isis.) Set descubre a Horus tumbado bajo un árbol en un oasis del desierto occidental. Se arroja sobre él y le saca los ojos, enterrándolos en el desierto donde se convierten en dos flores de loto. Naturalmente da por supuesto que es el fin de su adversario y, a su regreso junto a Re, niega haber encontrado a Horus. Sin embargo, Hathor va al encuentro de Horus que está desesperado y le frota los ojos con leche de gacela. Mágicamente, se cura. Cuando Re se entera de lo sucedido, acaba por perder la paciencia, convoca a Horus y a Set y les ordena dejar de pelearse, ya que están destrozando los nervios de todo el mundo.

Set, el supremo tramposo, acepta aparentemente una reconciliación e invita a Horus a una fiesta en su casa. Esa noche Set le hace a Horus una propuesta homosexual, pero éste, sin saberlo Set, desvía el ataque y con las manos entre sus muslos coge el semen de Set. Horus se lo cuenta a Isis, que se queda horrorizada cuando él muestra su mano con el semen. Considerando obviamente poluta la mano de su hijo, se la corta y la arroja a los pantanos; luego, con su magia le fabrica a Horus una nueva mano. Con ungüento perfumado, Isis levanta el falo de Horus y guarda en una jarra su semen. Después va al jardín y esparce el semen sobre las lechugas, las plantas favoritas de Set. Enseguida viene Set y se come las lechugas. Luego planea hacer de Horus el hazmerreír de los dioses y anuncia ante la corte que ha sometido homosexualmente a Horus, lo que hace que los otros dioses expresen su desprecio por Horus escupiendo ante él. A su vez Horus ríe y acusa a Set de mentir, sugiriendo que sus respectivos sémenes sean llamados para descubrir dónde están. Tot, con su brazo sobre Horus, llama al semen de Set para que venga, cosa que éste hace, pero no sale de Horus, sino de los pantanos. Agarrando el brazo de Set, Tot llama entonces al semen de Horus que surge como un disco solar de oro de la cabeza de Set. En este grosero episodio Set es humillado y Horus vindicado.

Set se niega todavía a admitir la derrota y sugiere una competición absurda que no puede sino parecer un derroche de energía: los rivales deben hacer barcos de piedra para hacer una carrera entre ellos. Horus construye astutamente un barco de madera de pino cubierto de argamasa de arenisca para darle aspecto de piedra. Set ve cómo se bota y entonces corta el pico de una montaña para hacer un barco de 138 codos (70 metros) de largo. Ante los dioses, el barco de Set se hunde. Furioso, Set se convierte en hipopótamo y destroza el barco de Horus. Horus coge un arma, pero los dioses le advierten que no mate a Set. Totalmente frustrado, Horus navega hasta el santuario de culto de la diosa Neit en Sais, y explica lo incomprensible que le resulta cómo, con tantos juicios a su favor, todavía no está en posesión de su herencia legal.

Entre tanto, Tot convence a Re de que escriba una carta a Osiris a los infiernos. En ella se le da a Osiris un título real que realza sus poderes. La respuesta de Osiris al asunto de decidir entre Horus y Set es acentuar su propio papel fortaleciendo a los dioses con trigo emmer y cebada y, de ese modo, no defraudar a su hijo Horus. Resentido, Re replica que los dioses tendrían cebada y trigo emmer tanto si Osiris existiese como si no. Ahora llegan amenazas de los infiernos: Osiris explica que tiene a sus órdenes agentes sedientos de sangre que no tienen ningún respeto por los dioses y diosas, y que gustosamente buscarían y le traerían el corazón de cualquier malvado. Además, las estrellas de cielo, los dioses y la humanidad descienden al horizonte occidental y, por tanto, al reino de Osiris. Al reflexionar sensatamente sobre estos hechos, el tribunal de los dioses vindican con unanimidad a Horus y lo instalan en el trono de su padre. Set sufre una última humillación cuando, como prisionero de Isis, es conducido ante los dioses para que renuncie al trono de Egipto. Re, no obstante, todavía siente una especial consideración por Set y anuncia que Set le hará compañía en el cielo y que su voz será el trueno celeste.

El drama de Edfú

Tal como se destaca en el relato del papiro Chester Beatty I, la pretensión de Horus al trono es satisfecha, pero Set es protegido por Re, el dios sol. Si, no obstante, vamos al principal templo de Horus en Edfú en el Alto Egipto, nos encontramos con el mismo resultado en lo que atañe a Horus, pero el tratamiento dado a Set es totalmente destructivo. En Edfú, la tradición de aniquilación de Set fue representada vívidamente en forma de un drama que se ejecutaba anualmente en la Fiesta de la Victoria. Se usaban tanto jeroglíficos como viñetas para recoger las principales escenas de la representación. El templo en su forma actual data de la era ptolemaica, pero se había construido sobre estructuras más antiguas existentes en ese terreno. De igual manera el drama, aunque en la forma en la que pervive se data en el reino de Ptolomeo IX (hacia el 110 a. de C.), su origen es mucho más antiguo, siendo probablemente su prototipo del Imperio Nuevo.

En el drama, Set tiene forma de hipopótamo y se muestra en diferentes escenas herido por arpones. Los vencedores son el Rey y Horus incitado por Isis. Clavarle arpones al hipopótamo es un antiguo ritual real que encontramos en impresiones de cilindro-sello de la I Dinastía (hacia el 3000-2770 a. de C.). En Edfú, las escenas incluyen diez arpones, cada uno de ellos clavado en una parte distinta de la anatomía del hipopótamo. Seguramente para la Fiesta se construía el prototipo de un hipopótamo que servía como "villano" para el espectáculo. En las viñetas el hipopótamo se muestra con una estatura diminuta, para que pueda ser abarcado y atrapado al hacerse algunos movimientos mágicos en el muro. El daño y la destrucción total producidos por el arponeamiento realizado por Horus se expresan tanto a través de viñetas como de jeroglíficos:

Arpón	Parte de Set herida
Primero	Morro-narices castigadas
Segundo	Frente
Tercero	Cuello
Cuarto	Parte trasera de la cabeza
Quinto	Costillas
Sexto	Vértebras
Séptimo	Testículos
Octavo	Ancas
Noveno	Patas
Décimo	Corvejones

El símbolo del triunfo del dios Horus es la representación de éste montando sobre el lomo del hipopótamo Set y arponeando su cabeza. Horus lleva la Doble Corona del Alto y Bajo Egipto. Más digna de mención es la agresión de Isis en el drama de Edfú, ya que el contraste con la Isis que muestra compasión por su hermano Set en el papiro de la lucha por el trono es grande. En el desmembramiento del hipopótamo, Isis insta a la distribución de los miembros entre varias deidades, correspondiéndole los huesos a los gatos y la grasa a los gusanos. En un último ritual se corta en rebanadas y se come un pastel de hipopótamo, lo que representa la aniquilación final de Set.

El drama ritual de la realeza

Para completar nuestra panorámica de las fuentes faraónicas sobre el mito de la realeza, debemos hacer mención a dos documentos que parecen ser dramas rituales ejecutados en ceremonias del Estado o del templo. Difieren del drama de Edfú en que son universales en sus conceptos y en que tratan menos las descripciones gráficas de la humillación de Set. El primero está inscrito en la Piedra de Shabaka, nuestra fuente de información sobre la leyenda menfita de la Creación.

En la piedra, una sección trata del juicio de Horus y Set en forma de diálogo entre los dioses y en forma de notas aclaratorias de un escriba. El dios tierra

Relieve del drama que representa el triunfo del dios Horus sobre el dios Set en forma de hipopótamo. Deambulatorio exterior del templo de Edfú, período ptolemaico.

Geb preside el juicio en el tribunal de los dioses. Su primera decisión intenta reconciliar las pretensiones de los dos demandantes: Set reinará sobre el Alto Egipto, incluyendo su lugar de nacimiento en Su, mientras Horus tendrá el Bajo Egipto, incluyendo un lugar en el que, según otra tradición, Osiris se ahogó en el Nilo. «Geb les dijo a Horus y Set: "Yo os he separado"». Pero Geb decide entonces que Horus (aquí hay un comentario del anotador: "él es el hijo de su hijo, su primogénito") debería tener una parte mayor que Set. En consecuencia, otorga a Horus la herencia de todo Egipto. Luego Horus es aclamado como "Unificador del país" en Menfis e igualado con la deidad menfita "Ta-tenen, el sur de la muralla, Señor de la Eternidad". Al final, se enfatiza el concepto de Horus, que ahora lleva las coronas del Alto y del Bajo Egipto, como unificador de los dos países.

Pasemos ahora al Papiro Dramático del Rameseo, actualmente en el Museo Británico, descubierto en Tebas en 1895 y que data del Imperio Medio. Es un elaborado documento que consiste en 138 columnas de texto complementado por una serie de alrededor de treinta viñetas a lo largo del borde inferior. El acontecimiento que dio lugar a su compilación fue la Fiesta del Jubileo del rey Senwosret I (1971-1926 a. de C.), aunque el papiro que llegó hasta nosotros data de la época de Amenemhat III, cuatro reinados después (1844-1797 a. de C.). Las cuarenta y seis escenas diferentes de este drama siguen un modelo concreto: pri-

Isis "la Gran Maga"

L a diosa Isis tenía una bien ganada reputación de excepcional astucia, inteligencia y tenacidad. Muchos mitos que reflejan esas características perviven en los cultos mágicos escritos en rollos de papiro o, de una forma más elaborada, grabados en estelas. Las narraciones sobre Isis abarcan los ensalmos de curación tan apropiados para la vida cotidiana de los egipcios normales, los achaques comunes, miedos y amenazas que les preocupaban: tales como los partos, fiebres, dolores, desórdenes gástricos, cocodrilos, serpientes, escorpiones y gusanos malignos.

Algunos ensalmos forman claramente un elemento integrante de los manuales de los médicos, que debían recitarlos sobre el paciente. Un remedio para mitigar el dolor era identificar a la persona enferma con una figura de la mitología curada por la intervención de una deidad poderosa. Por ejemplo, en un ensalmo dirigido a aliviar del mal del estómago, la persona enferma es llamada Horus en forma de niño. La madre representa a Isis y concluye que los dolores provienen de gusanos que deben ser expulsados. Consecuentemente, se dibujan diecinueve signos mágicos para obligar a los parásitos a salir del cuerpo. Igualmente, en un papiro médico de Museo Británico (n.° 10059), la ingenuidad de Isis cura una fiebre o una quemadura de la siguiente manera: el paciente se convierte en el joven Horus quemándose en el desierto; Isis llega y pregunta si hay agua disponible y se le da una respuesta negativa. "No importa –dice ella–, el agua está en mi boca y entre mis muslos hay una crecida del Nilo." Este ensalmo se recita sobre una mezcla de leche humana, goma y pelos de gato, que se aplica después al paciente. Así la fiebre del paciente o las quemaduras se enfrían.

Isis y los siete escorpiones

A partir de una elaborada compilación de ensalmos y viñetas de amuletos grabada en la Estela de Metternich (Museo Metropolitano de Nueva York) podemos desenredar el mito de Isis y los siete escorpiones. El propósito al incluir esta narración en la estela era proteger a su propietario contra los peligros siempre presentes de una picadura de escorpión. En la escena inicial aparece Isis tejiendo el sudario de la momia de su esposo Osiris, asesinado por Set, que quería su trono. Tot, dios de la sabiduría, aconseja a Isis que se esconda con su joven hijo Horus. Deberá proteger a Horus contra las maquinaciones de Set y educarlo hasta que sea adulto para que vengue el asesinato de Osiris.

El mito de la realeza de la estela cede ahora el paso al relacionado con los poderes mágicos de Isis para curar los aguijones venenosos. Isis sale de casa con

ARRIBA A LA IZQUIERDA: *La diosa Isis dando de mamar a su hijo Horus, como símbolo de sus poderes mágicos protectores. Bronce del Período Tardío.*

ARRIBA A LA DERECHA: *Parte superior de la estela Metternich, que representa a Horus como niño. Tiene inscritos textos mágicos que se recitaban para curar enfermedades y proteger de las mordeduras de animales. Uno de estos textos relata la curación por el dios Tot de un mordisco venenoso recibido por Horus.*

una escolta de siete escorpiones. (Por cierto, siete es un número de tremendo poder en la magia egipcia: por ejemplo, siete nudos son necesarios en los procedimientos para curar dolores de cabeza o problemas de pecho posteriores al parto.) Tres de los escorpiones, Petes, Tyetet y Matet, van por delante de Isis y garantizan la seguridad del camino. Bajo su palanquín hay otros dos escorpiones, Mesetet y Mesetetef, mientras los dos restantes, Tefen y Befen, protegen la retaguardia. Isis insiste a los escorpiones en la necesidad de ser extremadamente cautos para no poner sobre aviso de su paradero a Set, e incluso les da instrucciones de que no hablen con ninguna persona con la que se encuentren por el camino. Llegados a este punto, es difícil evitar divertirse con la estrambótica idea de un escorpión locuaz intercambiando frases corteses con un perplejo aldeano egipcio. Finalmente, Isis llega a su destino en la Ciudad de las Dos Hermanas, en el delta del Nilo. Una noble acaudalada ve la llegada del extraño grupo y cierra rápidamente la puerta de su casa. A los siete escorpiones esto les parece extremadamente ofensivo y planean su venganza contra la poco hospitalaria mujer. Como preparación, seis escorpiones cargan sus venenos individuales en el aguijón del séptimo, Tefen.

El templo de Isis en Philae visto por el artista del s. XIX David Roberts. Transportado actualmente a la vecina isla de Agilkia, este templo fue el último en resistir frente al advenimiento del cristianismo. Períodos ptolemaico y romano.

Entre tanto, una humilde campesina ofrece a Isis el refugio de su sencilla casa. Esta muchacha es, por supuesto, una contrapartida de la inamistosa y acaudalada noble, lo que permite un oportuno comentario social en la estructura del relato. Después nos encontramos con que Tefen se ha arrastrado bajo la puerta de la casa de la acaudalada noble y ha picado a su hijo. Apenada, la mujer vaga por la ciudad buscando ayuda para su hijo, que está al borde de la muerte. Ahora se le devuelve su falta de hospitalidad con Isis, ya que nadie responde a su llamada de auxilio. Sin embargo, Isis, que a los ojos de los egipcios es ejemplo supremo de una madre amantísima, no puede tolerar la muerte de un niño inocente y se compromete a devolver la vida al hijo de la mujer. Cogiendo al niño, pronuncia palabras de gran poder mágico. Nombrando a cada uno de los escorpiones y, por consiguiente, dominándolos, Isis hace que la combinación de venenos sea ineficaz en el niño. Por extensión, las palabras de su ensalmo serán aplicables a cualquier niño que sufra una picadura de escorpión, si se recitan junto con la administración de una "prescripción médica" de pan de cebada, ajo y sal. Una vez pasada su angustia y viendo a su hijo con salud, la mujer que se había negado a dar refugio a Isis se arrepintió: sacó su proverbial riqueza, e hizo un regalo a Isis y a la campesina que había mostrado la auténtica hospitalidad egipcia con un extraño.

Isis y la naturaleza secreta del dios Sol

El rasgo fundamental de este mito es que enfatiza el poder de la magia de Isis y el poder que emana del conocimiento de la más íntima personalidad de un nombre. Se preserva por su uso como ensalmo para "defenderse contra el veneno". La fuente es el Papiro 1993 del Museo de Turín y data de la Dinastía XIX (hacia el 1200 a. de C.), aunque se conserva una versión más fragmentaria en el Papiro Chester Beatty XI del Museo Británico (n.° 10691).

El personaje de Isis es brevemente descrito al principio del mito: "Isis era una mujer inteligente... más inteligente que los innumerables dioses... no desconocía nada de lo que estaba en los cielos o en la tierra." Su proyecto era descubrir el nombre secreto del dios Sol, la suprema deidad, lo que, de tener éxito, haría que ella y su hijo Horus ascendiesen en dignidad, situándose cerca de él en la cúspide del panteón.

Su plan era herirlo con su propia fuerza. Cada día viajaba por el firmamento desde el horizonte oriental al occidental en su "Barca de Millones" (es decir, de millones de años). En este mito el dios Sol, muy avanzado en años, es descrito de forma poco lisonjera como dejando su boca abierta en una ocasión (posiblemente mientras estaba dando unas cabezadas antes de dormirse) y cayéndole saliva por el suelo. Esta era la ocasión que estaba esperando Isis. Mezcló su saliva con tierra y utilizó su magia para crear una serpiente venenosa. Conociendo las costumbres del dios Sol, Isis dejó la serpiente en el cruce de caminos por el que pasaría cuando saliese del palacio que utilizaba cuando visitaba Egipto para dar un paseo. Tal como se planeó, la serpiente mordió al dios Sol, que inmediatamente sintió dentro de él un intenso ardor. Dio un alarido en el cielo y su Enéada vino deprisa para enterarse del problema. El dios Sol, corroído por el veneno, empezó a agitarse a medida que éste iba extendiéndose: "Vosotros, dioses, que surgisteis de mí... algo doloroso me ha atacado pero no conozco su naturaleza. No lo vi con mis ojos. No lo creé con mis manos... No hay agonía que se compare a esto." Los demás dioses, a pesar de las esperanzas de la suprema deidad de que su magia y sabiduría pudiesen curarlo, no podían más que llorar por su vigor perdido, fuente de toda vida. La dramática entrada de Isis rebosando simpatía dio esperanzas al dios Sol, que le contó su infortunio; se encontraba muy mal, congelándose e hirviendo al mismo tiempo, sudando, temblando, y perdiendo en ocasiones la visión.

Isis le propone un trato: su magia a cambio de su nombre secreto. Para él divulgar su nombre podía significar una pérdida de prestigio y la inseguridad de que alguien más conociese su naturaleza secreta y su más íntima identidad. Entonces, contesta con evasivas y enumera muchos de sus otros nombres:

    Creador de los cielos y de la tierra
    Moldeador de las montañas
    Creador del agua del "Gran Diluvio" [diosa vaca primitiva]
    Controlador de la inundación
    Jepri por la mañana
    Re al mediodía
    Atum por la noche.

Isis le dice que su nombre secreto no está entre éstos, y el dolorosísimo veneno parece intensificarse. Finalmente, el dios Sol no puede aguantar más el tormento y accede. Está de acuerdo en decirle su nombre secreto a condición de que ella vincule a su hijo Horus al juramento de no decírselo a ningún otro ser. Vale la pena señalar aquí que, dado que el faraón de Egipto era manifestación del dios Horus, compartiría por tanto este poderoso conocimiento. De forma irritante, el rollo de papiro no revela el nombre que el dios Sol dio a Isis, pero pasa a dar las palabras del ensalmo que la diosa recitó para curarlo –una fórmula que, si se acompaña de un trago de "hierba de escorpión" mezclada con cerveza o con vino, curará a cualquiera que sufra a causa de una picadura venenosa.❏

El mito del cataclismo

El mito del cataclismo es un gran ejemplo de los trastornos temporales en la relación entre los dioses y la humanidad. Los factores más relevantes eran la profunda sospecha del dios Sol hacia los hombres y la osada confianza en sí misma de la raza humana (cuyo resultado fue la rebelión y una mortandad catastrófica).

Las relaciones entre la raza humana y los dioses dependían de una miríada de diversos microcosmos esparcidos por todo el valle del Nilo. Éstos eran los templos, cada uno gobernado por una jerarquía sacerdotal. Las responsabilidades de los sacerdotes, confiadas a ellos por el faraón, incluían rituales diarios de recitado de fórmulas religiosas y el abastecimiento de provisiones en el santuario. Si este servicio se ejercía correctamente y las ofrendas no eran escasas, entonces los dioses y diosas en cada templo de sentirían satisfechos y serían benignos con Egipto.

La minuciosa liturgia que realizaba un Sumo sacerdote era una respuesta al orden del Universo establecido por el dios creador en el principio de los tiempos. Esta estructura cósmica se personificaba en Maat, diosa de la verdad, de la conducta recta y ordenada. Los faraones eran mostrados frecuentemente sosteniendo su efigie, la de una mujer arrodillada con una pluma de avestruz sobre su cabeza, para indicar su obediencia a las leyes del dios creador. Todas las partes de una ofrenda o los cuidados de las estatuas divinas estaban rigurosamente documentados en los papiros del templo. En las paredes de los mismos templos es el faraón el que aparece realizando simbólicamente los rituales requeridos en lugar sagrado interior, por un procedimiento que muestra visualmente su responsabilidad personal en las acciones de los representantes por él nombrados en los más altos niveles del sacerdocio.

Este sistema creó en la gente un estado de ánimo optimista, pensando que las deidades del panteón egipcio estaban a favor de la raza humana. Los individuos, por supuesto, podían cometer faltas y ser castigados por un dios o diosa como resultado de sus ofensas. Excelentes ejemplos de esa falta de respeto a los dioses, que datan de la Dinastía XIX (hacia el 1307-1196 a. de C.), se encuentran en las estelas de la aldea de los trabajadores de las tumbas reales, que se conoce hoy día como Deir el-Medina. Siendo dedicadas originariamente en los templos locales, estas estelas reflejan la penitencia por los errores humanos y piden humildemente a las deidades ofendidas que los libren del castigo. Así, por ejemplo, el delineante Neferabu se atrevió a molestar a un dios y a una diosa en diferentes ocasiones y les dejó estelas votivas poniendo de relieve su arrepentimiento. En una estela, en el Museo de Turín, Neferabu ha ofendido claramente a Meretseger, "La que ama el silencio", una diosa serpiente que vivía en la cumbre desde la que se divisaba la necrópolis real de la que era responsable. Por su ofensa, no especificada, Meretseger hizo que Neferabu tuviese un dolor agudo –su sufrimiento es comparable a los últimos estadios del embarazo. Al final, la diosa se ablanda y le lleva "dulces brisas" para curarlo. En otra estela, en el Museo Británico, Neferabu admite que juró en nombre del dios Ptah, Señor de Maat, pero lo hizo en falso. Como consecuencia, el dios hizo que Neferabu viese "oscuridad durante el día", lo cegó. Neferabu da testimonio de la justicia de la acción de Ptah e implora la gracia del dios.

También le era posible a un monarca gobernar de manera que molestase a los dioses. El reinado del faraón Ajenatón (1353-1335 a. de C.) vio cómo el disco solar, llamado Atón, alcanzaba la supremacía, cómo se cerraban los templos y el eclipse del panteón tradicional, incluyendo a Amón-Re. Cuando su hijo Tutankhamón le sucedió en el trono de Egipto, la política de Ajenatón sufrió un vuelco y los templos establecidos volvieron a funcionar. En una estela erigida en el templo de Karnak (ahora en el Museo de El Cairo) de el Faraón describe el estado de ánimo de los dioses tradicionales por los excesos de Ajenatón:

... los templos de los dioses y diosas... estaban en ruinas. Sus capillas estaban desiertas y cubiertas por la vegetación. Sus santuarios era como si no existiesen y sus patios usados como caminos... los dioses volvieron las espaldas a este país... Si alguien oraba a un dios para que le diese consejo, nunca respondía, y lo mismo se puede decir de las diosas. Sus corazones estaban llenos de dolor e infligieron daño a la izquierda, a la derecha y al centro.

La restauración realizada por Tutankhamón, particularmente de Amón-Re y de Ptah, puso fin a la aflicción en todo el país y los dioses y diosas se volvieron, una vez más, favorables a Egipto.

El mito del cataclismo pervive como elemento en un corpus de ensalmos mágicos llamado el *Libro de la Vaca Divina,* dirigido a proteger el cuerpo del soberano. La copia más antigua de algunas secciones de este libro se encuentran en el interior de la más exterior de las cuatro capillas doradas encajadas sobre el sarcófago de Tutankhamón (*r.* 1333-1323 a. de C.), que originariamente estaba en su tumba del valle de los Reyes y que ahora está en el Museo de El Cairo. Hay una versión más larga de este texto en una habitación lateral de la cámara-sarcófago de la tumba de Setos I en el valle Real. Otras tumbas reales desde la Dinastía XIX a la XX contienen ciertos fragmentos de esta obra, de manera que podemos montar un relato razonablemente completo del mito. El papel de la Vaca Divina se aclarará como secuela del mito del cataclismo.

La escena se sitúa en la época en la que Egipto estaba bajo el gobierno directo del dios sol Re. Este período es, por supuesto, incuantificable en términos de historia y pertenece a un pasado mítico remoto. Aunque es interesante notar que un importante papiro histórico (la Lista Real de Turín) y la lista de las dinastías de Manetón empiezan con Egipto bajo el reinado de una serie de dioses, antes de la unificación del país bajo el primer faraón en torno al 3000 a. de C. De forma irritantemente inconcreta, el *Libro de la Vaca Divina* describe a la raza humana "tramando planes malvados" contra Re (posiblemente había la sensación de que se había hecho muy viejo para gobernar). En efecto, posteriormente, en época histórica, los faraones tomaron cuidadosas precauciones para evitar la impresión de que la edad les impedía ser buenos gobernantes: la esencia de las Fiestas

La diosa leonina Sajmet, instrumento de venganza del dios Sol contra la humanidad. Estatua de granito negro del recinto del templo de la diosa Mut en Karnak, hacia el 1350 a. de C.

de Jubileo residía en las ceremonias destinadas a rejuvenecer el valor del monarca, y la presencia del dios Sol era evocada con la imagen de una estatua de culto del templo, cuyos huesos eran de plata, la carne de oro y el cabello de lapislázuli. Habiendo llegado a su conocimiento el complot de la humanidad contra él, Re convoca un consejo secreto de los dioses en su Gran Palacio, y aparentemente no desea advertir a la humanidad.

Re se dirije primero a Nu, la materia primitiva de la que él surgió en el comienzo de la Creación. En su discurso menciona cómo la humanidad surgió de las lágrimas de sus ojos –un juego de palabras basado en la semejanza fonética entre "hombres" y "lágrima" en la lengua egipcia (es decir, un fonema)– y ahora ellos conspiran contra él. Quiere conocer la opinión de Nu antes de matar a toda la raza humana. La respuesta de Nu es que el Ojo de Re, el ojo solar, será el instrumento para aterrorizar y dar muerte a la humanidad. Re se da cuenta ahora de que los hombres saben que está enfadado por su conspiración, y descubre que han huido a los desiertos de Egipto. Los dioses unánimemente instan a Re a que se vengue de los conspiradores.

El símbolo del Ojo de Re es complejo, pero una de sus características sobresalientes es que puede formar una entidad independiente del propio dios Sol, incluso hasta el punto de salir de viaje por regiones remotas y tener que ser engatusado para que regrese. Aquí el Ojo de Re se convierte en su hija, la diosa Hathor. Muy a menudo encontramos a Hathor en el papel de figura materna divina del faraón, amamantándolo con su leche, como un guardián de la necrópolis tebana o como la diosa del amor y del gozo a la que los griegos hicieron equivaler a Afrodita. En el mito del cataclismo, sin embargo, Hathor se convierte en una deidad de poderes destructores invencibles, que persigue a los hombres en el desierto y les da muerte. Cuando regresa junto a Re, aún se regocija deseosa de sangre, gloriándose por la masacre realizada. Para complicar la naturaleza del Ojo de Re, el mito explica ahora cómo Hathor se transforma en la diosa Sajmet –una feroz deidad leonina cuyo nombre significa la "Poderosa". Así el mito nos ofrece una vívida imagen de una leona rabiosa nadando en sangre, que atacó a la humanidad en un éxtasis de matanza.

El Ojo de Re descansa, recuperando su fortaleza para continuar matando al día siguiente. Pero el propio dios Sol ha cambiado de sentimientos, pasando de la venganza a la simpatía por la humanidad. No se nos dan indicios del motivo de este cambio. Posiblemente sea el advertir que los templos de Egipto se quedarían sin sus ocupantes sacerdotales y, en consecuencia, sus altares estarían vacíos sin ofrendas para los dioses. El modelo cósmico que el dios creador ha establecido se convertiría en defectuoso. Posiblemente, el súbito cambio de opinión tiene que ver con la resistencia de Re a sepultar en el olvido a los seres creados a partir de su propia materia (es decir, de sus lágrimas). Esta última posibilidad puede estar en relación con la creencia egipcia de que ningún elemento del cuerpo debe ser enajenado para convertirse en posesión de otro ni debe ser destruido, de ahí las cuatro jarras funerarias que contienen los órganos extraídos como parte del proceso de momificación.

Sea cual fuere el motivo, Re organiza el rescate de la humanidad de la feroz e inmisericorde diosa, cuya avidez de sangre está totalmente fuera de control. Los dioses sólo contaban con la noche para salvar a la raza humana antes de que la diosa despertase. Re envía pues a sus mensajeros personales corriendo a toda prisa (los egipcios dicen "correr como la sombra de un cuerpo") hasta Asuán para que le traigan gran cantidad de ocre rojo. Luego le dice al mismísimo "El del cierre lateral de Heliópolis", un epíteto del Sumo sacerdote del dios Sol, que exprima el ocre rojo para obtener una sustancia que las esclavas puedan mezclar con cerveza de cebada. Al poco tiempo, siete mil jarras de esta popular bebida se han llenado de cerveza que se parece a la sangre humana. Hacia el final de la noche, Re y su séquito transportan las jarras al lugar al que irá la diosa para continuar con su matanza e inundan la zona con la cerveza-sangre hasta alcanzar la altura de "tres palmos" (sobre 22,5 cm.) A la mañana, la diosa ve la "sangre" y, regocijándose ante el inesperado regalo, bebe con avidez y se intoxica. Como consecuencia, no es capaz de encontrar al resto de la humanidad que había escapado de la masacre anterior.

El resto de esta compilación, siguiendo el castigo y casi exterminio de la raza humana, trata principalmente del renacimiento y ascensión del dios Sol, y, en consecuencia, del monarca, a los cielos a lomos de la "Vaca Divina". Tanto el sepulcro de Tutankhamón como el de Setos I tienen descripciones de la Vaca "Mehet uer" o "Gran Inundación" que forma el firmamento celeste, identificada con la diosa cielo Nut. Así Re, que ahora es un dios Sol cínico y cansado de la humanidad, al final deja Egipto. Pero ello no supone una abdicación de su responsabilidad porque Re nombra a Tot, dios de la sabiduría, su regente o representante para controlar a la raza humana. De Tot, a las órdenes de Re, proviene el conocimiento que tiene la gente de las "palabras sagradas" (es decir, de los jeroglíficos) en las que están incorporadas todo el conocimiento científico, la medicina y las matemáticas.❒

El viaje a los infiernos del dios Sol

D el 1492 al 1070 a. de C. casi todos los faraones eran enterrados en la necrópolis real de la ribera occidental de Tebas, apropiadamente descrito hoy en día como el valle de los Reyes. Las sepulturas talladas en roca contenían originariamente un valioso ajuar funerario y los sarcófagos tenían momias reales decoradas con exquisita joyería. A pesar del aguijón venenoso de Meretseger, la diosa serpiente que moraba en el pico que dominaba el valle, y de la (errática) vigilancia de los guardias de la necrópolis, los ladrones de joyas eran capaces de saquear los tesoros de los faraones (incluyendo unos cuantos objetos del enterramiento de Tutankhamón que, tras haber sido vuelto a sellar, se escapó de ser saqueado hasta la excavación de Howard Carter de 1922). Afortunadamente, aún no existía un mercado ilegal de arte antiguo demandando fragmentos de los complicados y confusos dibujos pintados en las paredes de las tumbas reales. Sin embargo, estas pinturas quedaron abandonadas para sufrir los ataques de la sal contenida en la piedra caliza tebana, de los torrentes ocasionales de las lluvias y de los garabatos de los turistas griegos o coptos de hace casi dos mil años. Pero es en estas paredes donde sobrevive, a pesar de los daños naturales o las mutilaciones, un rico panorama de los infiernos egipcios.

La fértil imaginación de los pensadores religiosos egipcios hizo evolucionar numerosas imágenes y símbolos, cuya suma total enfatizaría la seguridad del dios Sol en su viaje infernal y su transformación de dios que desciende a las regiones tenebrosas de los infiernos cada noche en una deidad regenerada que surgía cada mañana, llena de vida y energía. Manu era la montaña occidental a través de la cual empezaba su viaje tras ponerse el sol; Duat era el infierno a través del que viajaba; Baju era la montaña occidental sobre la que ascendía por la mañana.

Conservamos tres composiciones importantes que describen los peligros solventados con éxito por Re en los infiernos, disipando las dudas sobre su seguro ascenso al cielo. Estas complejas recopilaciones se desarrollan a lo largo de siglos y van adquiriendo añadidos que a menudo oscurecen más que aclaran los guiones o los textos enigmáticos. Algunas veces los antiguos escribas que hicieron los dibujos eran incapaces de entender sus documentos de trabajo, que se acumulaban a lo largo de generaciones, con el resultado de que algunas inscripciones eran leídas como exóticos galimatías. En otras ocasiones, las hojas de los rollos de papiro pueden haber sufrido un gran desgaste y haberse hecho demasiado ilegibles para ser copiadas en las paredes. En estos casos los dibujantes escribían en la composición los jeroglíficos *Gem Uesh,* que significan "la fuente original está defectuosa". La más antigua de estas recopilaciones es el *Libro de Am-Duat*

IZQUIERDA: *Escena de los infiernos mostrando a la diosa cielo Nut y el símbolo del nacimiento. Tumba de Rameses VI, valle de los Reyes, hacia 1150 a. de C.*

ABAJO: *"Carne de Re". Forma con cabeza de carnero del dios Sol, protegido por una serpiente gigantesca y viajando en su barca por los infiernos. Valle de los Reyes, hacia 1300 a. de C.*

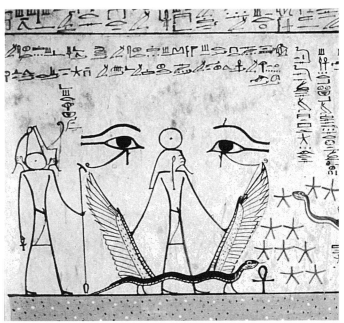

"Ojos Sagrados" y una serpiente alada dotada de piernas junto a dos figuras bicéfalas que llevan las coronas roja y blanca del Egipto unificado. Imagen del Libro de Am-Duat *de la tumba de Tutmosis III (1479-1425 a. de C.), valle de los Reyes.*

(el *Libro de lo que hay en el Infierno*). Los visitantes de las tumbas de Tutmosis III (1425 a. de C.) y Amenhotep II (1401 a. de C.) pueden ver las versiones completas de este libro en dibujos esquemáticos en las paredes de las cámaras mortuorias. Las tumbas de Setos I (1290 a. de C.) y Rameses VI (1143 a. de C.) contienen once de los Doce Guiones, simbolizando estos Doce Guiones las doce horas de la noche. La segunda composición, el *Libro de las Puertas,* se puede encontrar en parte en su forma más antigua en la tumba de Horemheb (1307 a. de C.), pero las versiones más completas están en la tumba de Rameses VI y sobre el pulcramente grabado sarcófago de Setos I que, habiendo sido rechazado por los entonces avaros *Trustees* del Museo Británico, fue adquirido por sir John Soane y puede verse en su Museo de Lincoln's Inn Fields en Londres. Además, en la tumba de Rameses VI hay una copia completa de la última y más rara de las tres composiciones, la conocida como *Libro de las Cavernas.*

El Libro de Am-Duat

El dios Sol hace su viaje a los infiernos a lo largo de esos Doce Guiones o relatos esquemáticos para renacer como Jepri el escarabajo. Al principio de su viaje el dios Sol está en el Horizonte Occidental, acercándose al río de Uernes por el que va a viajar. En un prólogo se formula la esencia de esta composición que enfatiza su poder mágico: "Conocimiento del poder de los que están en los infiernos. Conocimiento de sus acciones, conocimiento de los rituales sagrados de Re, conocimiento del dinamismo oculto, conocimiento de las horas y los dioses, conocimiento de las puertas y caminos por donde pasan los grandes dioses, conocimiento de lo poderoso y lo destruido."

Re empieza su viaje a través del Primer Guión (u Hora) de Duat y se le representa como un dios con cabeza de macho cabrío dentro de una capilla, siendo llamado "Carne". Esta descripción destaca la forma infernal de Re, que al final se transmuta en Jepri. Viaja en su barca solar y su tripulación consta de dos dioses en la proa llamados "Abrecaminos" e "Inteligencia", así como de una diosa llamada la "Señora de la barca" que lleva cuernos de vaca y un disco solar, el dios con cabeza de halcón "Horus el Adorador" y, en los remos de dirección, cuatro divinidades llamadas "Toro de la Verdad", "Vigía", "Voluntad" y "Guía de la Barca". A ambos lados de Re hay grupos de divinidades que se muestran en cuadros individuales; por ejemplo, hay dos grupos de mandriles, que le abren las puertas a Re y le cantan cuando entra en los infiernos, y doce diosas serpientes que iluminan en la oscuridad.

Re navega hasta la Segunda Hora de la noche donde establece los derechos territoriales del dios del grano de la región de Uernes. La Tercera Hora es cuando Re hace que Osiris vuelva a la vida al darle a "Voluntad" e "Inteligencia" (energía para decidir y actuar). En el Cuarto Guión aparece un motivo característico en forma de pasadizo inclinado con dos puertas abiertas. Hay serpientes guardianas, alguna del reino de los seres mitológicos que tiene cabeza humana y cuatro patas cortas, o tres cabezas de serpiente y dos alas. Que estas serpientes no harán daño a Re o a su séquito viene confirmado por los epítetos mágicos que indican que son autosuficientes en comida: "que viven del aliento de su boca" o "que viven de la voz de los dioses que guardan los caminos". El pasadizo es el camino a los infiernos por la entrada tradicional de "Ro-setau" o "Puerta de los Pasadizos". Por medio de esta ruta se accede al cuerpo de Sokar, un dios-necrópolis de Menfis, y a la tumba de Osiris.

En la Quinta Hora Re ha llegado a una etapa crucial de su viaje que está llena de imágenes de la resurrección. La barca solar es remolcada hacia una colina de la que emerge una cabeza llamada "Carne de Isis que está encima de la arena de la tierra de Sokar". Debajo aparece el interior de esta colina, a través del cual Re va a ser remolcado. Su puerta está guardada por cuatro cabezas que lanzan llamas. Sobre el lomo del leonino dios tierra bicéfalo Aker hay una bolita de arena. Surgiendo de ésta está Sokar, de cabeza de halcón, de pie sobre el lomo de una serpiente con cabeza humana en un extremo y tres cabezas de serpiente en el otro. Sokar es aquí manifestación del cuerpo infernal de Re bajo una forma primitiva, animado por el paso del dios Sol por encima. El cable de remolque está sujeto a la montaña por un escarabajo que sale de una colina del desierto y que aparece en el registro superior de la pintura. Isis y Neftitis en forma de cometas flanquean esta colina, que representa la tumba desierta de Osiris. De nuevo el dios Sol vence a la muerte surgiendo de una colina llamada "Noche" como el escarabajo Jepri –representación visual de la creencia de los teólogos egipcios de que la vida y la muerte son un ciclo continuo sin que uno suprima al otro. En esta imagen de la colina el dios Sol está contenido en Osiris, pero no constreñido a la muerte "perpetua".

Durante la Sexta Hora, Re se para en su barca ante una representación sedente del dios Tot, representado como un mandril que sostiene un ibis sagrado. El propósito de Tot es fundar en el campo una ciudad para los dioses y para los reyes del Alto y del Bajo Egipto. Aquí también se ve representado el cuerpo de Jepri rodeado por una serpiente de cinco cabezas enroscada (el dios Sol visita su manifestación como cadáver infernal). Todo esto tal vez parezca estrambótico para nuestra actual racionalidad, por eso citamos algunas frases de una síntesis hecha por un estudioso holandés llamado Kristensen que podrían aclarar el proceso de pensamiento de los egipcios sobre la vida y la muerte:

... todo lo que vive y todo lo que crece es resultado de una inexplicable y completamente misteriosa cooperación de factores heterogéneos... La Vida y la Muerte parecen ser opuestos irreconciliables: sin embargo, juntas forman la vida imperecedera. Ninguna predomina; se alternan, o mejor dicho, se originan la una a la otra. La vida del Universo es el conjunto de vida y muerte; en ella se reconcilian fuerzas hostiles y abandonan su independencia individual... el Sol, cuando se pone, no muere sino que alcanza la fuente oculta de su vida. Transformarse o llegar es la naturaleza de Jepri... Cualquier resurgimiento acontece en y desde la muerte, que así manifiesta ser vida en potencia. La oscuridad es cuna de la luz; en ella el Sol encuentra el poder para emerger... La vida absoluta tiene su hogar en el reino de la muerte.
(Citado por N. Rambova en A. Piankoff, "Mythological Papyrus: texts", *Bollingen Series* XL.3, 1957, págs. 29-30)

A continuación se ven algunas escenas violentas en la Hora Séptima, mientras Re navega. Protegido por la espiral de una serpiente aparece un dios lla-

El gato del dios Sol decapita simbólicamente a Apofis, serpiente infernal del caos. Tumba de Najt-Amón (hacia 1290 a. de C.), Deir el-Medina, Tebas occidental.

mado "Carne de Osiris", frente al cual una divinidad con orejas felinas blandiendo un cuchillo ha decapitado a los enemigos; entre tanto otra, el "Castigador", mantiene amarrados con una cuerda a los rebeldes. Los oponentes de Osiris han sido capturados y aniquilados. Ante Re en la barca solar aparece la escena de su archienemigo Apofis siendo derrocado. Apofis es una serpiente gigantesca que simboliza la fuerza de la no-existencia y una perpetua amenaza para el dios Sol, al que trata de tragar. A pesar de la indestructibilidad de Apofis, las representaciones de las paredes de la tumba real intentan derrotarlo por medio de la magia, de forma que, siempre que Re está cerca de él, aparece en trance de ser destruido o sojuzgado. Allí la serpiente extendida a lo largo ocupa en torno a 240 m. La diosa-escorpión Serket y el dios llamado "Director de los cuchillos" agarran la cabeza y la cola de Apofis, cuya cabeza y cuerpo están atravesados por hojas de cuchillo.

En la Hora Octava Re es remolcado, con nueve símbolos de su poder ante él en forma de bastones antropocéfalos, anexo a los cuales hay un bulto del que sale un cuchillo. Estos emblemas destruyen a sus enemigos. Alrededor hay compartimentos dotados de puertas en los que varias divinidades se muestran acompañadas por el signo del vestido de lino. Algunas de estas figuras son momiformes; otras están sentadas y tienen cabezas humanas; otras tienen cabeza de toro, cabra, rata, icneumón, cocodrilo o hipopótamo; mientras otras toman la forma de una cobra. Responden a la llamada de Re cuando pasa por sus "cavernas" con una diversidad de sonidos semejantes, por ejemplo, a los de los gatos, al de un ribazo desplomándose en el curso del Nilo o a un nido de pájaros. En la Hora Nona Re se encuentra doce cobras que escupen fuego, la cuales guardan a Osiris y "viven de la sangre de aquéllos a los que matan". También navega ante dioses que llevan cetros de palmas y que son responsables de los árboles o plantas para tallar.

En la Hora Décima aparecen símbolos de la inminente resurreción de Re al amanecer. El escarabajo tiene el huevo del que Re surgirá por el Horizonte Oriental y se muestran dos discos solares preparados para ser lanzados al cielo. Frente a la barca solar, un séquito armado de doce dioses comprueban la seguridad de la aproximación al Horizonte Oriental. Re se dirige a ellos: "Sed rápidos con vuestras flechas, haced diana con vuestras lanzas y tensad vuestros arcos. Castigad a mis enemigos acechándolos en la oscuridad junto a la puerta." La Hora Undécima representa gráficamente la destrucción de estos enemigos infernales que son arrojados a pozos de fuego, cada uno con una diosa escupiendo fuego en ellos. Estos enemigos son presentados como cautivos atados, como almas destruidas, como sombras y como cabezas cortadas. En un sexto pozo, más grande que los anteriores, aparecen cuatro rebeldes cabeza abajo. Horus hace un discurso explicando esta enorme destrucción: "...habéis caído en pozos ardientes y no podéis escapar... el cuchillo de la que dirige la hojas de cuchillo os acuchilla, ella os corta en trozos y os despedaza. Nunca veréis a los que viven sobre la tierra."

Ahora el disco sol ha llegado a la Hora Duodécima, y al clímax de su viaje por los infiernos. La barca solar es remolcada al interior de la cola de una serpiente gigantesca en cuyo cuerpo Re se desprende de su manifestación infernal y nace de la boca de la serpiente como Jepri el escarabajo. En esta forma Re descansa sobre la cabeza del dios aire Shu, cuyos brazos cierran los infiernos. Despúes Re navega desde el Este en la barca diurna para "brillar entre los muslos de Nut".

Tabulación del avance del dios Sol en el Am-Duat

Guión	Nombre de ciudad/región infernal	Nombre de diosa de cada Hora
1	Gran Ciudad	Hendidora de las cabezas de los enemigos de Re
2	Campo de Uernes	La Sabia, la Guardiana de su Señor
3	Campo de los Dioses del Grano y Agua de Osiris	Cortadora de almas
4	Caverna de la Vida de las Formas	Grande en poder
5	Caverna de Sokar	Ella en su barca
6	Agua Profunda	Hábil dirigente
7	Caverna de Osiris, Ciudad de la Cueva Misteriosa	Rechazadora de la Serpiente
8	Ciudad del Sarcófago del Dios	Señora de la Noche
9	Ciudad de las Manifestaciones Vivientes	Adoradora
10	Ciudad del Agua Profunda y de las Orillas Escarpadas	Decapitadora de los rebeldes
11	Ciudad del Recuento de Cadáveres	La Estrella, rechazadora de rebeldes
12	Caverna al final de la oscuridad, Ciudad de la Manifestación del Nacimiento	Contempladora de la belleza de Re.

El Libro de las Cavernas

Esta última compilación glorifica al dios Sol como portador de la vida y la luz en el reino de la oscuridad de los infiernos, concebido como una secuencia de cavernas. Las pinturas representan a Re avanzando por Duat, iluminando las cavernas de los dioses; también muestran los castigos de los enemigos y los rebeldes con horribles detalles. La interacción de la buena suerte contra los justos castigos convierte al *Libro de las Cavernas* en un cuadro psicológico. Se diferencia de otras composiciones sobre los infiernos en la intensidad de la centralidad de la recompensa y el castigo. Por encima de todo, el efecto que produce es el de recordar las vívidas ejecuciones de los enemigos, cuando tal vez los beneficios del viaje de Re deberían de acaparar toda la importancia.

El comienzo muestra a Re de pie descendiendo a los infiernos, frente a una serie de óvalos que contienen las figuras de los dioses y diosas. Cada óvalo es un sarcófago que cubre un cuerpo al que el poder de Re puede dar vida duran-

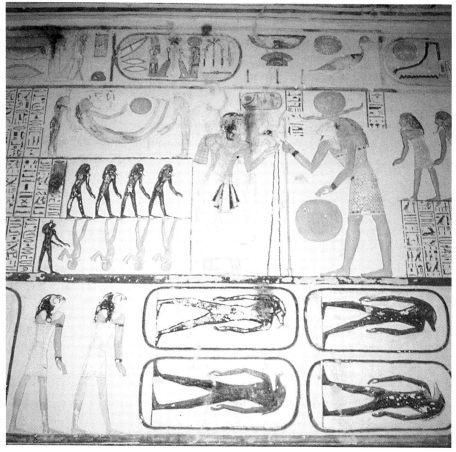

Escena infernal de Rameses VI ante el dios Sol con cabeza de carnero; junto a ellos se ven dioses en capillas, así como enemigos derrotados colgando cabeza abajo. Valle de los Reyes, hacia el 1150 a. de C.

te el viaje. En la Primera Caverna, Re demuestra su conocimiento de los nombres secretos para guardarse del peligro y atacar identificando a las divinidades guardianas. Por ejemplo, he aquí algunos de los términos que utiliza para dirigirse a tres enormes serpientes:

> "¡Picadora en tu caverna, terrorífica, sométete y cede! Entro por el Oeste para mantener a Osiris y situar a sus oponentes en el lugar de ejecución.
> Visión que atemorizas en tu caverna, a quien los que están en los infiernos entregan las almas del lugar de destrucción...
> El que rodea Rosetau para el gobernante de Duat..."

El nombrar a la serpiente y la afirmación de su propio poder posibilita a Re avanzar por la caverna, saludando a las divinidades en sus sarcófagos. Al seguir su camino, nuestros ojos desembocan en el registro inferior de la pintura, donde los prisioneros atados y los enemigos decapitados están desfilando.

El castigo continúa en la Segunda Caverna en la que a algunos enemigos, colocados cabeza abajo, se les han arrancado los corazones y los han puesto a sus pies. Aquí el dios Sol se encuentra con algunos dioses en sus sepulcros, cuyas cabezas son las de la musaraña y el siluro. Éstos son símbolos primitivos asociados con Horus de Letópolis y Osiris. Avanzando en la Tercera Caverna, Re camina a través de Aker, el dios tierra con forma de león de dos cabezas. Debajo está Osiris representado como itifálico, para señalar su vuelta a la vida gracias a la luz de Re. Un elogio de su belleza y de sus buenas obras le da al dios Sol la bienvenida a la Cuarta Caverna.

En la Quinta Caverna Re presencia la aniquilación total de sus enemigos. Se llenan varios calderos con cadáveres decapitados en posición invertida, con cabezas, corazones, almas y sombras. Re se dirige a dos diosas que están junto a uno de los calderos para cerciorarse de que los enemigos, tanto los antiguos como los potenciales, serán ejecutados de igual modo: "Diosas de la llama poderosa, que removéis los calderos con huesos, que quemáis las almas, los cadáveres, la carne y la sombra de mis enemigos. Ved que paso junto a vosotras, que destruyo a mis enemigos. Permaneceréis en vuestras cuevas, vuestro fuego hará que se calienten mis calderos, vuestras almas no abandonarán este lugar ni se unirán a mi séquito." La Quinta Caverna está visualmente dominada por dos grandes figuras que están puestas en pie y que se extienden a lo alto de tres registros de pinturas. Entonces el dios Sol se encontrará con "el Secreto", una representación de Nut, la diosa cielo, rodeada de discos solares e imágenes de resurrección. Se encontrará igualmente con el Osiris itifálico.

Pero ahora Re ha llegado a la Sexta Caverna donde sus enemigos están siendo decapitados. Es hora de que deje atrás las matanzas, y la imagen del escarabajo tirando del disco solar prevalece en los registros superiores de la escena final. Remolcada hacia el Horizonte Oriental, la barca lleva a Re representado como el escarabajo y el dios con cabeza de carnero. La transformación se produce de manera que la forma de escarabajo del dios Sol luego se mueva hacia el Este, pero su cabeza se ha mezclado con la imagen infernal de Re, por lo que vemos una criatura solar híbrida que consiste en el cuerpo de un escarabajo y la cabeza de un carnero. Es un momento de renacimiento y, por lo tanto, el símbolo del sol como un niño chupando su dedo puede verse descansando su pie sobre el disco solar a punto de emerger de la Montaña Oriental.

El Libro de las Puertas

Esta composición es una de las presentadas de forma más dramática en las tumbas reales, de manera especial por su motivo recurrente de una serpiente gigante lanzando fuego cuando guarda una puerta en Duat. Un prólogo sitúa el comienzo del viaje del dios Sol en las montañas del Desierto Occidental, de donde Re pasa a los infiernos por una puerta protegida por una serpiente. Re es representado como antropomorfo hasta los hombros, coronados por una cabeza de carnero y por el disco solar, portando el cetro de soberanía. El título que se le da es el de "Carne de Re", su manifestación corpórea infernal. Está de pie en su barca solar, en una capilla rodeada por una serpiente con gran número de anillos, llamada "Mehen" o la "Que Rodea". También están en la barca dos cualidades personificadas del dios Sol, representadas como figuras humanas masculinas de pie, en la proa está Sia o "Inteligencia"/"Percepción", mientras en los remos de dirección está Heka o "Magia". La barca papiriforme es remolcada por cuatro habitantes de los infiernos. Éste es el tema común que aparece a lo largo de todo el *Libro de las Puertas,* ya que en el registro central se muestra el viaje del dios Sol a lo largo del río de Duat. Los registros superior e inferior nos dan una visión de la actividad en las dos orillas del río. En este Primer Guión, "Carne de Re" es remolcado por delante en su forma de Atum, dios creador de Heliópolis, que está supervisando la destrucción de los enemigos que yacen postrados ante él, o que desfilan formando una línea de cautivos atados. Sus pecados se concretan en blasfemias contra Re, asesinato y perjurio. Atum les dice a estos criminales:

"... Soy el hijo nacido de su padre, soy el padre nacido de su hijo [es decir, Atum y Re están juntos en un ciclo continuo de renovación]. Estáis atados con fuertes cuerdas... Vuestros cuerpos serán despedazados, vuestras almas serán inexistentes. No veréis a Re en sus manifestaciones cuando viaje por la región secreta."

Las puertas, como aquélla por la que ahora pasa Re para entrar en el Segundo Guión, son enormemente estilizadas pero indican claramente que son dobles bastiones robustos y almenados, con adornos conocidos como los "Jejeru", que hacen su aparición históricamente en el conjunto de la pirámide escalonada del rey Dyoser en Saqqara (hacia 2600 a. de C.). Nueve dioses momiformes están puestos en fila en las murallas exteriores de la puerta con un guardián especial en la entrada y salida del pasadizo que hay entre los bastiones. Una cobra que echa fuego se alza sobre cada torre de la puerta, mientras una serpiente erguida sobre su cola se extiende desde el suelo hasta lo alto de la muralla, guardando la puerta verdadera. Cada una de estas divinidades protectoras tiene un nombre, de modo que el dios Sol sólo tiene que pronunciar sus nombres, que conoce por su sabiduría oculta, para pasar sin riesgo a la región que está más allá de la puerta. En el Segundo Guión, "Carne de Re" saluda a doce dioses de la cebada que surgen de un lago de fuego, el cual actúa como fuerza disuasoria contra los pájaros, aunque, por arte de magia, no daña al grano. La barca del dios Sol se ve en el momento en que rebasa una vara cuyos extremos son cabezas de toros; ésta representa la Barca de la Tierra. Así se muestra el poder de Re para superar todos los obstáculos pudiendo autotransformarse. En la orilla, Atum se apoya sobre su bastón delante de Apofis, la serpiente infernal enemiga de Re que aquí ya está derrotada, enrollada y sin esperanza.

El dios Sol es remolcado a través de la Tercera Puerta a una región en la que se ven unos dioses chacales y cobras guardando los lagos. Los dioses chacales protegen el Lago de la Vida de los habitantes de los infiernos porque es sagrado y exclusivo del dios Sol. El Lago de las Cobras guarda la llama con que los enemigos de Re son aniquilados. También en esta región "Carne de Re" pasa ante una serpiente intrincadamente enrollada llamada Hereret. La serpiente está en un hoyo, a cuyos lados aparecen las diosas descritas como las "Horas de los Infiernos". Su tarea es tragarse lo que Hereret pudiera exudar o parir, de modo que se convierta en inofensiva.

En el Cuarto Guión pueden verse una serie de doce dioses en la orilla llevando una larga cuerda con una gran parte de ella aún sin enrollar. Su tarea es medir las cosechas y repartir los campos asignados entre los habitantes de los infiernos. Hay acuerdo general en las inscripciones de que la tarea se ha hecho de forma satisfactoria. En la otra orilla el dios Horus, apoyado en su bastón, es precedido por seis figuras masculinas a las que las inscripciones dividen en las cuatro razas tradicionales de la humanidad, tal como las percibían los egipcios: Cuatro Hombres –este es el "rebaño de Re" en Duat, en Egipto y en los desiertos, es decir, los únicos elementos de la raza humana que pueden llamarse egipcios; los Cuatro del Oriente Medio– son los habitantes de Palestina y Siria a los que creó, según se dice, la diosa leona Sajmet; los Cuatro Nubios –que representan a los habitantes sedentarios y a las tribus nómadas de las regiones al sur de la frontera natural de Egipto en la Primera Catarata del Nilo en Asuán; y los Cuatro Libios–, la diosa Sajmet también creó a las tribus del Desierto Occidental y de la ribera marítima mediterránea a lo largo de la costa libia.

La "Carne de Re" es remolcada por la Quinta Puerta e inmediatamente entra en la Sala de Osiris. El dios Osiris, gobernante de Duat, está entronizado sobre un estrado y lleva el cetro curvo y el "anj", el signo de la vida. Ante él y sobre los hombros de una deidad momiforme hay un par de balanzas para pesar los corazones de los que buscan morar en Duat, para juzgar si sus vidas terrenales han sido suficientemente irreprochables como para obtener este privilegio. En una barca papiriforme un cerdo está siendo apaleado por un mono, lo que simboliza la humillación de Set, el enemigo de Osiris. Pasada esta sala del Quinto Guión, el dios Sol observa la derrota de Apofis que es llevado por doce dioses. Del cuerpo de Apofis salen cabezas humanas que representan a sus víctimas, a las que Re vuelve a la vida. Se describe a Apofis como "sin ojos, sin nariz, resollando por sus bramidos, viviendo de su propio griterío" para simbolizar su propia incapacidad para la destrucción. Más adelante todavía, doce dioses tiran de una cuerda enrollada en la boca de una divinidad llamada Aken, representando cada vuelta de la cuerda una hora de los infiernos.

"Carne de Re" está ahora en el Sexto Guión, siendo remolcado hacia unas varas coronadas por cabezas de chacal a las que los enemigos han sido atados, listos para ser decapitados. En una orilla hay algunos dioses cuidando espigas de grano y segadores con hoces para proporcionar ofrendas de buena comida y cerveza al dios Sol y a Osiris. Tras la Séptima Puerta hay unos dioses llevando una cuerda, de la que surgen emblemas como látigos, halcones, cabezas humanas y estrellas. Esos dioses crean los misterios en honor de Re, pero las inscripciones no nos permiten conocer detalles.

En contraste con el Séptimo Guión, la región que está tras la Octava Puerta proporciona a "Carne de Re" una agitadísima actividad. En la orilla ve a los doce dioses que forman un consejo para abastecer de comida en su isla de la Llama a nueve almas, representadas con cuerpos de pájaros pero con cabeza y brazos humanos. Re se acerca a su manifestación como Atum, que está apoyado en su bastón contemplando un estanque en el que los hombres están representados en posición postrada. Éstos son los dioses de las aguas asociados al Diluvio Primordial. Re los hace capaces de moverse, respirar y nadar, para que no se queden estáticos en el elemento en el que se supone que ejercen una benéfica influencia. En la otra orilla Horus está llevando a los enemigos de Osiris hasta una serpiente que arroja fuego, con dioses momiformes que salen de sus anillos. Esos enemigos han manchado las ceremonias del templo del dios, por lo que Horus exhorta a la serpiente a "abrir sus fauces, arrojar llamas... quemar sus cadáveres, destruir sus almas con la conflagración".

En el Noveno Guión "Carne de Re" sigue a unas deidades blandiendo redes y a unos lanceros preparados para aniquilar a Apofis, que está esperando acostado en el sendero del dios Sol. En la orilla ve las coronas del Alto y del Bajo Egipto y, sobre el lomo de una criatura heráldica con forma de león, a un dios llamado "Sus dos caras", el cual tiene las cabezas de Horus y Set sobre su cuello. Esto simboliza la pacífica unión del norte y el sur de Egipto, sugiriendo la ausencia de conflicto entre los dos enemigos tradicionales.

Tras la Décima Puerta, "Carne de Re" se une a una procesión en la que viaja otra barca con una cabeza masculina con la cara vuelta hacia adelante. Es la "Cara del Disco", un elemento del propio dios Sol en el viaje de renacimiento. En la orilla se ve un dramático encadenamiento de la serpiente Apofis. Su cabeza está atada por la diosa escorpión Serket, que se estira en toda su longitud a lo largo de la cadena. Dieciséis dioses están sobre el lomo de la serpiente sosteniendo la cadena, y son apoyados en su labor por puños macizos que salen del suelo (uno no puede correr riegos con una criatura tan feroz). En el extremo de la cola de Apofis está Osiris, ante el cual se yergue el cuerpo de la serpiente para mostrar cuatro crías de serpiente encadenadas. Y aún se proporciona más vigilancia situando a cinco figuras sobre su último anillo, las cuales representan al dios tierra Geb y a los hijos de Horus.

En el Undécimo Guión, además de la derrota y encadenamiento de Apofis, cuatro mandriles anuncian el acercamiento de Re al Horizonte Oriental. En cuanto al Duodécimo Guión, cierra el eterno ciclo del sol. De su agua primordial el dios Nu hace surgir una barca en la que viaja el dios Sol en forma de Jepri el escarabajo y en forma de disco. Encima de Nu, la diosa cielo se inclina hacia abajo, con sus pies descansando sobre la cabeza de Osiris representando a Duat. Para destacar la realización con éxito de su viaje, un disco solar despunta en la arena del desierto en el lugar en el que surgirá Re al amanecer.

Las tres complejas composiciones religiosas que acabamos de narrar son enigmáticas en principio para la mentalidad moderna. Pueden considerarse como una mezcolanza de inscripciones mutiladas y una lista de nombres sin fin, pero, por supuesto, el viaje sin estorbos del dios Sol a través de Duat era una de las piedras angulares de las creencias egipcias. Tras las ejecuciones de enemigos, la destrucción de Apofis, las divinidades momiformes y los dioses en sus sarcófagos, está el reino de la vida. Duat no es, pues, una región de desesperación, y por ello los antiguos egipcios no se harían eco de los versos de este poema:

> Esta es la tierra de los muertos
> esta es la tierra del cactus
> aquí las imágenes de piedra
> son levantadas, aquí reciben
> la súplica de la mano de un hombre muerto
> bajo el centelleo de una estrella que se apaga.
>
> (T. S. Eliot, *The Hollow Man*)

Estos oscuros sentimientos deben rechazarse porque en Duat está la mezcla de dos grandes dioses, Re se convierte en Osiris, y Osiris en Re. El dios de los infiernos es la forma anterior del dios Sol del que el Sol nace de nuevo. En el ensalmo 17 del *Libro de los Muertos* encontramos la siguiente afirmación y una glosa explicativa:

> "Yo soy el Ayer, Yo soy el Mañana
> ¿qué significa esto?
> Osiris es el Ayer y Re es el Mañana."

El paso de la "Carne de Re" a través de Duat es un proceso de dotación de energía del dios Sol para convertirse en Jepri y renacer. La vida y la muerte son un continuo, engendrando cada una eternamente a la otra.❐

Tabulación del viaje del dios Sol en el *Libro de las Puertas*

Guión	Serpiente Guardiana	Nombre de la puerta
1	Guardiana del Desierto	El del nombre oculto (Osiris)
2	Envolvente	De Llama intensa
3	La que pica	Señora de la Nutrición
4	Cara de la Llama	La de la Acción
5	Ojo de Fuego	Señora de la Continuidad
6	Movimiento del Ojo	Trono de su Señor
7	Ocultación del Ojo	La que destella
8	Cara de Fuego	Rojo Vivo
9	Colmillo de la Tierra	Exaltada por la Veneración
10	La que deslumbra	Sagrada
11	La que fluye	De acceso oculto
12	La del amanecer y envolvente	De Poder Sagrado

De la historia a la leyenda

Los personajes de este capítulo fueron todos, póstumamente, transvasados de la historia a la leyenda al convertirse en sujetos de un culto o de un relato. Pero se puede probar arqueológicamente que cada uno de ellos existió.

Imhotep

Imhotep era el arquitecto del complejo de la pirámide escalonada del rey Dyoser (2630-2611 a. de C.) en Saqqara, que no tiene rival en lo concerniente a la grandeza de su concepción y que fue el primer edificio colosal de piedra que se construyó. La pirámide sugiere una escalinata gigantesca para el ascenso del monarca al cielo, mientras los edificios que la rodeaban eran el templo para el culto real y otros pabellones y capillas para la eterna celebración de las Fiestas del Jubileo de Dyoser. Un busto en piedra caliza de una estatua perdida del rey Dyoser (llamado Netyeri-jet en sus monumentos) conserva el nombre y los títulos de Imhotep:

Portasellos del rey del Bajo Egipto, uno que está cerca de la cabeza del rey (es decir, visir), jefe de la Gran Mansión, representante real, Sumo sacerdote de Heliópolis, Imhotep, el carpintero y escultor...

A partir de vasos de piedra descubiertos en las galerías, en torno a 30 m. bajo la pirámide, aún podemos añadirle el título de "Sacerdote lector en jefe". Así pues, los más altos oficios religiosos y seculares de la Administración egipcia pertenecían a Imhotep.

Además del complejo de la pirámide, Imhotep era arquitecto de un santuario al dios Sol en Heliópolis, dedicado por Dyoser y que hoy en día sólo perdura en fragmentos de relieves de gran calidad. Su nombre ha sido también encontrado en un grafito del muro de la pirámide inacabada del rey Sejemjet (2611-2603 a. de C.), sucesor de Dyoser. Ésta es el último testimonio histórico de Imhotep, por lo que podemos presumir que hace 4600 años que murió.

Su reputación como arquitecto experimentado llevó a que los escribas de Egipto lo adoptasen como el más eminente de los que ejercieron su oficio. Fue considerado como fuente de inspiración intelectual y una gran cantidad de máximas morales se decía que habían sido escritas en papiro en su nombre. Una referencia la constituye una composición, en parte pesimista y en parte hedonista, conocida como *Canto del harpista,* cuya mejor copia es la del Papiro Harris 500 del Museo Británico:

He oído las palabras de Imhotep y Hor-dedef [un hijo del rey Jufu], cuyas máximas son frecuentemente citadas, ¿y cuál es el estado actual de sus monumentos? Sus muros han sido derruidos y sus lugares han desparecido, como si nunca hubiesen existido.

ARRIBA: *La pirámide escalonada de Saqqara, construida por el "histórico" Imhotep para el faraón Dyoser, hacia el 2600 a. de C.*

IZQUIERDA: *Estatuilla sedente de Imhotep como encarnación de la sabiduría del escriba. Bronce del Período Tardío.*

Si el canto fue escrito originariamente en el reinado de un rey llamado Intef, como presume su introducción, entonces el monumento funerario de Imhotep habría sido derruido o perdido cerca del 2000 a. de C. Sin embargo, su nombre seguía perdurando por sus escritos, tal como otro documento, también del Museo Británico, puede atestiguar. Su propósito es ensalzar al escriba profesional y lo hace eligiendo juiciosas comparaciones para ilustrar la inmortalidad de la literatura:

> Un libro es de más valor que la casa de un constructor o una tumba en el desierto occidental... ¿Hay alguien hoy en día como Hor-dedef? ¿Hay alguien como Imhotep? ... Los sabios que predijeron el futuro... Ellos pudieron irse, y sus nombres desvanecerse de la memoria, excepto aquellos cuyos escritos hicieron que sigan siendo recordados.

En algún momento, por un cambio del punto de vista psicólogico egipcio del *status* de Imhotep, su papel como sabio se intensificó al atribuir su nacimiento a la intervención directa de uno de los dioses principales. Imhotep se convirtió en el "hijo de Ptah", dios creador de Menfis, cuya naturaleza de dios de los artesanos convenía especialmente a quien era padre de un descendiente famoso por su habilidad escultórica. Desde el período Saíta (Dinastía XXVI) hay amplio testimonio de un vigoroso culto centrado en torno a Imhotep hijo de Ptah en Menfis y Saqqara. Centenares de bronces lo representan con una iconografía que enfatiza sutilmente su sabiduría y a su divino padre. Además, se le representa sentado con un rollo de papiro sobre sus piernas, llevando un casquete y una falda larga de lino. Podemos pues interpretar el papiro como sugerencia de las fuentes del conocimiento conservado por los escribas en la "Casa de la Vida". En cuanto al tocado identifica a Imhotep con Ptah, y su indumentaria sacerdotal de lino simboliza su pureza religiosa.

Su templo principal estaba en el norte de Saqqara con un santuario subsidiario en Menfis, al sudoeste del principal templo de Ptah. Sin embargo, en el período ptolemaico su culto se había extendido hacia el sur de Tebas, donde se hacía el aprovisionamiento para su culto en el templo de Ptah en Karnak. En el reinado del emperador romano Tiberio, un elaborado elogio de Imhotep se inscribió en la cuarta puerta que hay antes de su templo. En Tebas compartía los honores con Amenhotep, hijo de Hapu, un "Director de todas las obras reales" que había vivido en el reino del faraón Amenhotep III (1403-1365 a. de C.). En el templo de Deir el-Medina, en la Tebas occidental, Imhotep es representado con su madre mítica Jereduanj bajo la forma de la diosa Hathor. Para completar una de esas tríadas sagradas a las que los egipcios eran tan aficionados, se le da una mujer llamada "Hermana de Dios", Renpet-nefret.

Cuando su culto se extiende, se le otorga más y más énfasis a su papel de médico supremo, rápidamente identificable con el Asclepios griego. Este aspecto era especialmente destacado en su santuario ptolemaico de la Tebas occidental, en la terraza superior del templo de la reina Hatshepsut en Deir el-Bahri, así como en el templo de Hathor en Dendera, en el que una importante loa a Imhotep lo asocia al sanatorio que allí había. En otros lugares encontramos intentos de realzar su deificación, como en el caso de una ciudad del Delta en la que, en un desarrollo que recuerda la promoción de las estatuas de la Virgen María por los primeros teólogos, a Jereduanj, madre de Imhotep, se la considera como descendiente de un dios, en este caso de Banebdyedet, el sagrado dios carnero de Mendes.

El culto de Imhotep se convirtió en centro de atención para las parejas casadas que deseaban un hijo. Un buen ejemplo de su poderes de fecundación ha quedado grabado en la que tal vez sea la más conmovedora estela de la colección del Museo Británico. Es la autobiografía de una mujer llamada Taimhotep, que había nacido en el 73 a. de C. durante el reinado de Ptolomeo XII Neos Dionisos. Cuando tenía catorce años se casó con Psherenptah, Alto sacerdote de Ptah en Menfis. Tres embarazos fueron de niñas. Juntos, Taimhotep y Psherenptah, oraron a Imhotep, hijo de Ptah, para que les concediese un hijo. Entonces Imhotep se le apareció a Psherenptah en un sueño o revelación con una propuesta: un mayor embellecimiento de su santuario en Anj-taui (la necrópolis menfita donde Imhotep estaba enterrado) a cambio de un hijo varón. Psherenptah, en consecuencia, encargó una estatua de oro y se la dedicó al santuario de Imhotep, donde Taimhotep concibió un hijo. En la Fiesta de Imhotep, en el 46 a. de C., Taimhotep dio a luz a Pedibast. La alegría de la maternidad duró poco sin embargo, ya que Taimhotep murió en el 42 a. de C., a los treinta años de edad. El resto de la estela es un conmovedor lamento sobre la inevitabilidad de la muerte. A pesar de ello, la intervención positiva de Imhotep cambió la vida de la pareja. Fue esta inmediatez de Imhotep, hijo de Ptah, para resolver los problemas humanos, a menudo de índole médica, la que aseguró la popularidad de su culto en el período romano.

El comandante Dyeheuti

Las campañas militares del faraón Tutmosis III (1490-1439 a. de C.) impusieron la autoridad egipcia tanto por medio de fuerzas de ocupación como por medio de tácticas comerciales en un área que iba desde Sudán hasta Siria. En particular, su batalla contra una coalición del Oriente Medio frente a la ciudad canaanita de Megido, y el consiguiente asedio de siete meses, ocasionó la capitulación de 330 príncipes enemigos. Pero el faraón aún se veía regularmente obligado a hacer alardes de poderío militar en el Levante y dirigir continuos golpes de castigo contra los ejércitos sirios. Ocasionalmente poseemos alguna información sobre este personal militar, como en el caso de Amenemhab, que mató al elefante que amenazó la vida del rey en una cacería cerca del Éufrates.

De igual manera, podemos deducir que el comandante de guarnición Dyeheuti era un famoso guerrero del Estado Mayor del faraón. Las inscripciones de su tumba en Tebas nos dan una idea de su *status* histórico:

Seguidor del rey en toda tierra extranjera... supervisor de los países septentrionales... proveedor de los almacenes de lapislázuli, plata y oro.

Según esto, su carrera como gobernador en el Oriente Medio tuvo lugar en un momento de máxima extensión de la soberanía egipcia y de control sobre las riquezas extranjeras –el lapislázuli venía, a través de las rutas caravaneras, desde Afganistán, y la plata de las minas de Anatolia. Su fama póstuma lo llevó a convertirse en el héroe de una aventura datada en la época de las conquistas de Tutmosis III, aunque probablemente sea ficticia. La fuente del relato es un papiro ramésida del Museo Británico, escrito como mínimo ciento cincuenta años después de la muerte de Dyeheuti.

El contexto es un asedio egipcio del puerto de Joppa, en la costa de Palestina. Dyeheuti está entrevistándose con el príncipe de Joppa en un intento de persuadirlo de que él, Dyeheuti, pretende cometer traición y, junto con su esposa e hijos, pasarse al enemigo. Como prueba de la sinceridad de Dyeheuti, el príncipe de Joppa exige ver el cetro de soberanía de Tutmosis III, que se guardaba en la tienda del alto mando egipcio. Dyeheuti trae el cetro, pero sólo para asestarle al príncipe de Joppa un golpe en la cabeza que lo aturde, y después lo ata con grilletes metálicos. La artimaña utilizada en esta ocasión por Dyeheuti tiene una gran semejanza con el cuento de *Alí Babá y los cuarenta ladrones*. Dyeheuti dispone de 200 soldados con grilletes y cadenas y se los lleva en 200 canastas selladas y transportadas por 500 escuadrones. Sus órdenes son entrar en Joppa y encadenar a sus habitantes. Dyeheuti ordena que se le dé falsa información al heraldo del príncipe de Joppa, según la cual las tropas del príncipe habrían capturado a Dyeheuti y a su familia, y que las 200 canastas serían parte del tributo destinado a la ciudad. El príncipe de Joppa recibe el mensaje y ordena que las puertas de la ciudad se abran para acoger las 200 canastas. Las tropas egipcias invaden así Joppa y toman a sus habitantes como prisioneros, encadenándolos con grilletes. El papiro acaba con Dyeheuti escribiéndole una carta a Tutmosis III informándole de la victoria, en la cual le sugiere que el éxito debería utilizarse para llenar de esclavos el templo de Amón-Re.

Rameses II y la princesa de Hatti

Desde el delta del Nilo hasta Nubia, los templos, estatuas y estelas impiden que olvidemos que Egipto fue en un tiempo gobernado por Rameses II (1290-1224 a. de C.). Su residencia del delta era, de hecho, tan opulenta que inspiraba grandes alabanzas:

> ... El sol se levanta y se pone dentro de sus límites. Su oeste es el templo de Amón, su sur el templo de Set, la diosa Astarté brilla en su este y la diosa Uadyet se muestra en su norte.

En los muros y pilones de la mayoría de sus templos puede leerse en pinturas y jeroglíficos la versión oficial de la batalla del faraón contra los hititas en Qadesh, junto al río Orontes en el 1285 a. de C. Pero a pesar de la maquinaria propagandística ensalzando sus proezas, es evidente que su pretensión de desalojar a los hititas de Siria y del norte del Líbano fracasó. Después de una especie de guerra fría, tanto hititas como egipcios acordaron un pacto de no agresión, sellado oficialmente en nombre de las divinidades de cada Estado en el 1269 a. de C. Treinta años más tarde, unas estelas en Karnak, Elefantina y Abu Simbel proclaman una boda internacional entre Rameses II y la hija del gran príncipe de Hatti (el rey hitita). Así, los dos archienemigos ahora estaban reconciliados por un tratado legal y un matrimonio diplomático. El relato egipcio pretende que el gran príncipe de Hatti, atribuyendo la sequía de su país a la influencia de Rameses II

Cabeza y hombros de granito del faraón Rameses II (1290-1124 a. de C.), cuya alianza con los hititas se vio fortalecida mediante un matrimonio diplomático.

sobre el dios hitita de las tormentas, decide enviar a su hija a Egipto, junto con innumerables tributos. El faraón intercede entonces ante el dios Set para que no haya tormentas durante el viaje de la princesa, y por fin, a su llegada a Egipto, Rameses II queda conmocionado por la belleza de la extranjera, anunciando que su *status* sería el de "Esposa del Rey", Maat-nefru-Re. Parece que a ésta se le había unido además una segunda princesa hitita, que se convirtió en otra esposa de Rameses II, acabando sus días en el harén real de la provincia de Fayum.

Unos mil años después del histórico matrimonio, podemos seguir a Rameses II y a la Maat-nefru-Re en la leyenda a través de una estela ptolemaica, hoy conservada en el Museo del Louvre; dicha estela fue descubierta en un santuario actualmente desaparecido cerca del templo de Jonsu en Karnak, y era una falsificación hecha por los sacerdotes, que conocían el acontecimiento histórico de la princesa hitita, recordando incluso un elemento de su nombre egipcio. El propósito de la estela parece haber sido doble: enfatizar el orden jerárquico de las dos formas del dios Jonsu y, ante las recientes conquistas persa y griega de Egipto, entregarse a un sutil nacionalismo al situar el relato en la era de Rameses II, cuando un faraón nativo gobernaba el país.

La estela empieza con una mezcolanza de datos entresacados de los reyes Rameses II y Tutmosis IV. De Rameses II se dice que está en Naharin, una región del Alto Éufrates. Históricamente, Rameses II nunca repitió los logros de Tutmosis I y Tutmosis III, que levantaron estelas en las orillas del Éufrates, ya que los hititas cortaron sus ambiciones en el norte de Siria en la batalla de Qadesh. Sin embargo, en la estela, Rameses II recibe tributos en metales preciosos, lapislázuli, turquesas y maderas nobles, y además el príncipe de Bajtán le envía a su hija encabezando su tributo. La localización de Bajtán podría ser puramente imaginaria, pero hay sólidas bases para identificarla con Bactria. Rameses II queda entonces cautivo de su belleza y le otorga el título de "Gran Esposa Real", Nefru-Re.

Más tarde, Rameses II estaba celebrando la "Hermosa Fiesta del Valle" en honor a Amón-Re en Tebas cuando un mensajero de Bajtán llega con regalos para la reina Nefru-Re. También trae malas noticias de la hermana más joven de la Reina, que se encontraba gravemente enferma. Su nombre se menciona como Bentresh, que puede ser en parte egipcio y en parte canaanita, y que significa "Hija de la Alegría". Quizá podría ser análogo al nombre real de la hija-esposa de Rameses II Bint-Anat. Rameses II convoca entonces a sus investigadores y al personal palacial en la Casa de la Vida; en resumen, organiza una asamblea de sus mejores sabios, médicos y magos. El escriba real Dyeheuti-em-hab es elegido para ir a Bajtán e investigar la enfermedad de la princesa Bentresh. (Los médicos egipcios tenían gran reputación en el Oriente Próximo –de hecho, durante el dominio persa de Egipto, poco después de que se hiciese esta estela, el médico jefe Uasyahorresne estuvo una temporada en la corte del rey Darío de Irán.) Dyeheuti-em-hab diagnostica entonces que Bentresh está poseída por espíritus hostiles y que sólo un dios podría luchar con ellos, pero Bajtán está tan lejos que casi pasan tres años entre la llegada de las primeras noticias de la enfermedad de la princesa Bentresh a Rameses II y la petición de asistencia divina.

En este momento, Rameses consulta al dios Jonsu, hijo de Amón-Re y de Mut, y presenta una súplica en favor de Bentresh. La forma primera y más antigua de Jonsu es "Jonsu de Tebas Nefer-hotep". Sin embargo, los sacerdotes manipulan hechos tales como que la respuesta venga de una manifestación especializada del dios, llamada "Jonsu el que realiza los planes", cuya habilidad reside en expulsar "demonios de enfermedad". A partir de las inclinaciones rituales (inclinaciones de cabeza) de la estatua del dios, se toma la decisión de enviar a "Jonsu el que realiza los planes", protegido por amuletos del Jonsu más antiguo, con una gran flotilla junto con caballos y carros a Bajtán. Cuando el dios llega junto a Bentresh, diecisiete meses más tarde, su poder se curar actúa de inmediato y la princesa se recobra totalmente. El principal espíritu de los que ha causado la enfermedad toma en este momento conocimiento de la superioridad de Jonsu y, sorprendentemente, convence al dios de que el príncipe de Bajtán establezca un día de fiesta en su honor (es decir, en honor del espíritu).

El príncipe de Bajtán se resiste a dejar marchar a la estatua del dios y la tiene en su país durante tres años y nueve meses. Pero entonces tiene un sueño en el que el dios, en forma de halcón de oro, parece venir junto a él desde su santuario y remontar el vuelo en dirección a Egipto. El príncipe comprende entonces su equivocación y envía la estatua de regreso a Tebas con un gran tributo. A la llegada, "Jonsu el que realiza los planes" entrega las dádivas de Bajtán al antiguo "Jonsu de Tebas Nefer-hotep", excepto unas cuantas que sus sacerdotes retienen en concepto de comisión por la dureza del viaje.❐

Cuentos fantásticos

L as historias de esta sección han sido elegidas como ejemplos de cómo las maravillas de la magia, los escenarios exóticos y las grandes aventuras proporcionan un vehículo excelente para posibilitar a los escribas la creación de formas de evasión respecto a la vida rutinaria. Aunque los contenidos de estos papiros son un valioso legado de la literatura antigua egipcia, sus orígenes se encuentran en los repertorios de los narradores de historias. Las tradiciones orales de las que éstos se alimentaban servían como *"media"* de entretenimiento de los aldeanos egipcios. Los relatos se hicieron más sofisticados bajo la redacción de los escribas, pero las humildes fuentes de que surgieron nunca se desdeñaron. El visir Ptahhotep, autor de un texto sapiencial que conocemos como *Las instrucciones de Ptahhotep,* de alrededor del 2400 a. de C., comenta al respecto: "El arte de bien hablar es en verdad una rareza, pero no desprecies lo que de él descubriste en las bocas de las mujeres que mueven piedras de molino."

Un ciclo de cuentos de magia, compuestos en la era de las pirámides en la IV Dinastía (hacia 2550 a. de C.), se conserva en el Papiro de Berlín 3033, popularmente conocido como Papiro Westcar, por el nombre del viajero inglés que lo adquirió en su visita a Egipto en 1823-1824. La lengua de este documento es el egipcio clásico del Imperio Medio (hacia 2040-1783 a. de C.), aunque el papiro en sí mismo es una copia ligeramente posterior que data de inicios del siglo XVI a. de C. El estricto contexto histórico de este ciclo de leyendas es allí entrelazado por el escriba con los aspectos de entretenimiento centrados en torno a unos grandes magos, cuya fama ya duraba casi mil años cuando el papiro fue escrito. Originalmente había cinco relatos, pero el primero está casi totalmente perdido y el segundo lamentablemente fragmentado. Por tanto, empezaremos con el tercer relato en el que Baufre, hijo del rey Jufu (r. hacia el 2550 a. de C.), constructor de la gran pirámide de Giza, va a narrar un prodigio realizado por un mago en el reinado de Esneferu, padre de Jufu.

Dyadya-em-anj y su poder sobre las aguas

En una ocasión el rey Esneferu –faraón bien documentado por inscripciones históricas y prolífico constructor de pirámides en Meidum y Dahshur– vagaba por el palacio, frustrado de aburrimiento. Manda entonces buscar a Dyadya-em-anj, su sacerdote y lector en jefe. En egipcio antiguo este título se llama literalmente "El que porta el libro ritual"; en otras palabras, se trata de un funcionario designado para llevar los papiros ceremoniales, normalmente en ocasiones rituales y funerarias. Esto podría tener lugar al declamarse la liturgia en un templo o al recitarse el ensalmo para "abrir la boca", junto a la tumba en la que el cadáver momificado obtiene ciertas facultades vitales que le han sido devueltas mágicamente.

En este caso particular, sin embargo, Dyadya-em-anj tiene en la corte el papel de mago, cuyos secretos ensalmos están escritos en el papiro que lleva. Esneferu pide a su mago que le dé algunas ideas para aliviar su tedio. Dyadya-em-anj sugiere que el Rey necesita una bocanada de aire fresco en el delicioso entorno del lago del palacio, donde los ánades y el paisaje se combinarán para que cobre ánimos, sobre todo si algunas hermosas muchachas del harén real reman por el lago frente a él. El Rey piensa entonces que es una brillante idea y manda fletar una barca con veinte muchachas que no hayan dado a luz, cuyos cabellos estén finamente trenzados y cuyas figuras sean adecuadamente curvadas. Todavía más excitante para el Rey es su propia orden de que en vez de llevar sus vestidos normales de hilo, las muchachas sólo deben llevar mallas de cuentas de fayenza. Se les dan unos remos previamente recubiertos con láminas de oro y empiezan a remar de un lado a otro ante el Faraón que las observa.

Todo va bien hasta que la remera de delante, al jugar con su cabello trenzado, pierde un broche para el pelo hecho de turquesa de gran calidad en las aguas del lago. (Se encuentran algunos de estos broches de pelo con forma de pez en colecciones de museos.) Trastornada la muchacha deja de remar, y así hace que la barca se quede parada. Cuando Esneferu se entera de lo sucedido, se ofrece para sustituir el broche perdido para que puedan seguir remando, y envía expediciones a las minas de turquesa de la región de Maghara en la península del Sinaí, obteniendo otro broche de esta forma. Usando entonces una expresión coloquial, la chica le responde: "Prefiero mi olla a uno como éste", lo cual significaba que la turquesa perdida era de calidad excepcional, e imposible de ser sustituida. De forma petulante, el rey Esneferu se dirige entonces a su mago y le dice, más o menos, que dado que la excursión fue idea suya, a él le corresponde solucionar el problema. Obedientemente, Dyadya-em-anj lo hace recitando un ensalmo mágico (que, de forma irritante, no revela el papiro). El lago tiene unos 6 m. de profundidad y, debido a las palabras mágicas, la mitad de él asciende para formar un muro de agua de 12 m., dejando bien visibles el fondo y el broche. Dyadya-em-anj lo recupera, se lo devuelve a la chica, y con otra fórmula mágica devuelve el lago a su situación anterior. Todo lo cual se convierte en una excusa para celebrar una fiesta en la que divertirse, y Dyadya-em-anj es bien recompensado por sus poderes mágicos.

Dyedi y su poder para volver a la vida

En el relato siguiente, el príncipe Hordedef, otro hijo de Jufu, persona que póstumamente alcanzó cierta fama como sabio autor de un libro de enseñanzas sobre la vida, le comenta a su padre la sorprendente destreza mágica de uno de sus súbditos. Jufu se queda intrigado, especialmente cuando se entera de que este mago, llamado Dyedi, tiene conocimientos sobre los apartamentos secretos del santuario de Tot, dios de la sabiduría, ya que el propio Jufu ha estado intentando investigar sobre ellos para hacer una réplica arquitectónica en uno de sus templos. En consecuencia, el príncipe Hordedef viaja en barca hacia el sur, desde Menfis hasta la ciudad de Dyed-Esneferu, en la que vive Dyedi. Éste tiene buena salud y un tremendo apetito –500 barras de pan al día, más medio buey y 100 jarras de cerveza– cosa que no está nada mal para una persona que ha alcanzado la edad de ciento diez años (una edad modélica entre los antiguos egipcios). Cuando el príncipe llega, transportado en una espléndida silla de manos, Dyedi está tendido en una estera delante de su casa, recibiendo un masaje con aceite. Tras un complicado intercambio de frases corteses, reúne sus valiosos pergaminos y parte con Hordedef hacia la residencia real.

Dyedi entra en la principal sala del palacio, donde es recibido por el rey Jufu, que está ansioso de verle realizar algunos de sus espectaculares actos mágicos, incluyendo la reunificación de cuerpos desmembrados de la que ya le habían hablado. Dyedi está de acuerdo en realizarlos y Jufu, con notable crueldad, ordena que le traigan un prisionero que le sirva de ayudante. Dyedi muestra enseguida su humanitarismo al negarse a actuar sobre un ser humano, afirmando que la humanidad es un "rebaño ilustre", en clara referencia al concepto de que la raza humana viene a ser el ganado del dios creador. En consecuencia, eligen una oca y la decapitan, poniendo su cabeza en el lado oriental de la sala y su cuerpo al oeste. Dyedi pronuncia entonces su ensalmo mágico, que una vez más no podemos leer, con lo que el cuerpo de la oca avanza anadeando hacia su cabeza, que también es reanimada, reuniéndose ambas y empezando a graznar. Un caso semejante se realiza con un ave acuática (tal vez un flamenco) y también un buey. Desgraciadamente, una referencia más primitiva al hecho de que Dyedi era capaz de domesticar a un león salvaje para que caminase tras él no es aquí desarrollada por el escriba.

Después de esto Jufu aborda el tema del número de apartamentos secretos del santuario de Tot. Dyedi niega conocer la respuesta, pero dice que puede encontrarse en el cofre de un almacén del santuario del dios Sol en Heliópolis. Es más, Dyedi no resulta destinado a traerse ese cofre hasta el palacio.

El relato incorpora además una profecía que trata de un futuro cambio de la familia real, lo que históricamente vemos reflejado en el surgimiento de la V Dinastía en torno al 2465 a. de C. Dyedi dice al rey Jufu que el cofre será recuperado por Ruddedet, mujer de un sacerdote del dios Sol, que tendrá tres hijos engendrados por Re, y que el trono de Egipto va a pasar a ellos. Jufu se deprime con esas palabras, pero Dyedi lo anima revelándole que el hijo y el nieto de Jufu heredarán el trono antes de que la profecía se realice. (Históricamente la sucesión al trono en la IV Dinastía fue más complicada que en la profecía de Dyedi –el papiro ignora el problema de Radyedef, inmediato sucesor de Jufu, que construyó su pirámide en Abu Rauesh, al norte de Giza, y aparentemente considera al último gobernante, Shepseskaf, como demasiado insignificante como para tenerlo en cuenta.) Ruddedet dará a luz, afirma Dyeti, a principios de invierno, cuando la crecida del Nilo haya retrocedido. Entonces, Jufu, que quería visitar uno de los principales santuarios de Re en Sajbu para conmemorar ese nacimiento, al que parece haberse resignado, dice a Dyedi que el viaje resultará imposible, ya que el "brazo de los Dos Peces del Nilo", en el delta que tiene que franquear, estará vacío. Pero Dyedi dice a Jufu que su magia producirá dos metros de agua en el canal seco para que la visita no se vea frustrada. La recompensa de la habilidad mágica y profética de Dyedi consiste en otorgarle un lugar en la casa real con el príncipe Hordedef y un gran incremento de las raciones de comida.

La isla Encantada

Los egiptólogos llaman normalmente a este relato *El marinero náufrago,* pero el antiguo escriba pone realmente el énfasis más sobre la localización exótica de la isla misteriosa y sobre la criatura sobrenatural que allí vive. La fuente de esta aventura es un papiro del Museo de Moscú que data del Imperio Medio, era clásica de la literatura egipcia. (Data probablemente de algún momento del siglo xix a. de C.) Es significativo que este período de la civilización egipcia presenciara la expansión del poder faraónico en Nubia, al sur de la frontera granítica de Asuán. Hubo por entonces una intensificación del control sobre la minas de oro, con la construcción de fortalezas macizas alrededor de la Segunda Catarata del Nilo. Además, había cierto espíritu de exploración que implicaba el envío de agentes reales al Sudán para estudiar las rutas lucrativas de comercio.

Al principio de *La isla Encantada,* un enviado anónimo regresa de una misión comercial exploratoria en Nubia. A partir de inscripciones históricas, como la autobiografía del gobernador Harjuf (en torno al 2240 a. de C.) grabada en la fachada de su tumba en Qubblet el-Hawa en Asuán, conocemos los bienes de lujo que se buscaban para el faraón (incienso, ébano, colmillos de elefante y pieles de pantera). El emisario se encuentra en un agudo estado de depresión, porque ha fracasado rotundamente y está muy preocupado por cómo explicar que su barca esté vacía de mercancías valiosas para el rey. Pero entonces, un hombre de su séquito –el auténtico *marinero náufrago* del relato– lo insta a ver las cosas por el lado positivo. La expedición no ha sufrido pérdidas humanas *en route,* y ahora está a salvo, fuera ya de Nubia en el lado egipcio de la Primera Catarata. El marinero insiste en relatar al emisario la historia de una aventura que le ocurrió una vez.

Formaba parte de una expedición con destino a las minas reales, empleando una ruta que implicaba navegar por el mar Rojo. El barco era impresionante, de 60 metros de largo y 40 metros de ancho. Sus compañeros (había 120 marineros) carecían de miedo, siempre impasibles ante los elementos de la naturaleza y capaces de predecir cuándo estallaría una tormenta. Pero un súbito chubasco produjo una ola de cuatro metros de altura, de manera que –como dice el papiro– "murió el barco". Toda la tripulación pereció en el mar a excepción de él mismo, que alcanzó la costa de una isla.

Durante tres días se ocultó, aprovechando la protección que le brindaban los árboles, hasta que la sed lo llevó a explorar el lugar. Y se encontró con que había naufragado en un auténtico Jardín del Edén, rodeado de higos maduros, uvas, legumbres, pepinos, y abundantes peces y aves salvajes. Habiendo comido hasta excederse, encendió una hogera y quemó una ofrenda para mostrar a los dioses su gratitud por el hecho de haber sobrevivido. Obviamente el humo reveló su paradero, porque los árboles pronto empezaron a desplomarse sobre el suelo y toda la isla parecía estremecerse. Para su consternación, vio acercarse una gigantesca serpiente de 16 metros de largo. Era una criatura de leyenda: cubierta de escamas de oro, tenía cejas hechas de lapislázuli y llevaba, como un dios, una barba que le colgaba hasta un metro.

La serpiente, que tenía el poder del habla humana, se encabritó y exigió una explicación al marinero de cómo había llegado a la isla. La amenaza adjunta de que, si no daba rápidamente la respuesta, escupiría fuego y reduciría al marinero a cenizas, hizo que éste se volviese incoherente de terror. Entonces la serpiente se volvió más benévola y llevó al marinero en sus fauces hasta su morada sin herirlo. Más seguro ya, el marinero le relató la historia del naufragio (en un relato que repite casi palabra por palabra la primera descripción, un rasgo común de la tradición oral o de los antiguos narradores de cuentos). La serpiente dijo entonces al marinero que una fuerza divina lo había arrastrado hasta la "isla del Ka". Esta expresión es difícil de traducir, pues el "Ka" es la fuerza vital de una persona que nace al mismo tiempo que el cuerpo físico, pero que sobrevive a la fuerza física como entidad espiritual. Un egiptólogo ha sugerido que una interpretación podría ser la "isla Fantasma". Sin embargo, dado que "Ka" es un poder mágico, capaz de hacer reales representaciones inanimadas de, por ejemplo, pan, jarras de cerveza, incienso, vestidos de lino y animales, probablemente, el significado que quería darle la serpiente era el de "isla Encantada". Además, dijo al marinero que su permanencia en la isla duraría cuatro meses, hasta que sus amigos pasasen por allí navegando y lo rescatasen, enfatizando que llegaría a su casa y moriría en su propio pueblo. Téngase en cuenta que el enterramiento en Egipto era de vital importancia, ya que sólo después de él podían celebrarse los apropiados rituales funerarios. Y también le explicó la serpiente que la experiencia de una calamidad podía compensarse por el sentimiento de alivio al mejorar la situación.

En el siguiente episodio, la serpiente cuenta su propia historia dentro de la estructura del relato del marinero, lo que a su vez es un nuevo entretenimiento para el abatido emisario. Esta técnica de incluir un relato dentro de otro relato que suelen usar los narradores de cuentos, y que aquí aparece en una forma simple procedente de hace casi cuatro mil años, sirve por ejemplo también de base para algunas de las tramas más elaboradas relatadas por la princesa Sherezade en los famosos cuentos de *Las mil y una noches*. En la isla Encantada había originariamente setenta y cinco serpientes, pero un día todas las otras murieron a causa de la caída de una estrella (probable referencia a un meteorito) que acabó por abrasarlas. La serpiente superviviente se quedó desolada, pero finalmente pudo vencer su dolor. Sin embargo, al marinero le hace pensar en la felicidad de la vida familiar. Conmovido por su relato, el marinero promete que a su regreso a Egipto proclamará la magnanimidad de la serpiente con los extraños como él, y enviará a la isla un cargamento de bienes exóticos, como aceite aromático y mirra. La serpiente, riéndose, le contesta que la isla tiene más productos valiosos de los que el marinero vaya a ver jamás. Además, se llama a sí misma "príncipe de Punt" —el país del que Egipto obtenía incienso, bienes y productos del África Ecuatorial, situado en la región del río Atbara–, y, por otra parte, una vez que el marinero se haya ido, la isla desaparecerá bajo las olas del mar Rojo. (Por supuesto, por medio de esta inteligente argucia, el narrador se asegura de que nadie podría ser tan prosaico como para comprobar los hechos del relato del marinero.)

Tributo de Nubia del tipo de los mencionados por el marinero y la serpiente gigante en el cuento de la isla encantada. Nótese en especial la jirafa con el mono subiendo por su cuello. Tumba de Rejmire, Tebas occidental, hacia el 1450 a. de C.

Cuatro meses más tarde, una barca con una tripulación compuesta por sus amigos se acerca hasta la isla y el marinero hace señales desde un árbol en el que se encuentra subido. La benevolente serpiente lo despide entonces con el regalo de un cargamento de mirra, aceite, ungüento perfumado, pintura para ojos, colas de jirafa, colmillos de elefante, galgos, monos y mandriles. En la orilla derecha de Tebas, si se mira a los muros del templo de la reina Hatshepsut en Deir el-Bahri y de la tumba en roca del visir Rejmire, se pueden ver exactamente todos esos tipos de mercancías que vienen desde los países meridionales a Egipto. Dos meses después, con el cambio del mar Rojo al río Nilo anteriormente mencionado, el marinero llega a la residencia real y entrega sus mercancías, siendo recompensado por el faraón con una dotación de siervos y nombrado funcionario de palacio. La ironía del venturoso desenlace de la aventura del marinero, en contraste con el sombrío fracaso del emisario al que le cuenta su relato, contribuye a establecer un final burlón. El emisario utiliza una analogía entre la futilidad del dar agua al amanecer a una oca a la que van a matar algo más tarde y, en su propio caso, la desesperanza al ser animado brevemente antes de enfrentarse con el faraón.

Para indicar que se ha llegado a la conclusión del relato, el papiro acaba con estas palabras: "Ha ido de principio a fin, tal como aparece en el escrito, la obra del escriba en dedos excelente; Imen-aa, hijo de Imeny, que viva muchos años; que prospere, que tenga salud siempre."

Las metamorfosis de Bata

En el Museo Británico hay un papiro (n.º 10183) que se conoce normalmente como *Cuento de los dos hermanos,* perfectamente escrito en escritura hierática por el escriba Inena, que vivió en torno al último cuarto del siglo XIII a. de C. Es una compleja mezcla de mitología, humor y folclore. Aunque algunos de los acontecimientos pudieran parecer inverosímiles, las emociones humanas, e incluso las manías, siempre nos son cercanas.

Dos hermanos, Anubis (el mayor) y Bata, viven en la misma casa. (El hecho de que lleven nombres de divinidades egipcias los vinculan vagamente con el mundo mitológico a través del nomo Chacal del Alto Egipto, tal como ha llegado hasta nosotros en un documento tardío y bastante complejo conocido como Papiro Jumilhac.) Anubis tiene una esposa a la que, por desgracia, no se nombra nunca. Bata vive con ellos, pero duerme en un establo del ganado, y hace de hombre mañoso que confecciona vestidos para Anubis, así como lo peor del trabajo agrícola. Su indestructible fortaleza le ha brindado una buena reputación. Además tiene el don de entender la lengua del ganado que cuida, de forma que cuando le dicen "La hierba de tal sitio es deliciosa", allí lo lleva a pastar, cosa que produce buenos resultados en términos de incremento de la fecundidad.

Un día, en la época de la siembra, cuando los hermanos estaban sembrando cebada y semilla de trigo emmer en los campos, se acabaron la semillas. Bata es enviado a buscar más. Encuentra entonces a la esposa de su hermano trenzándose su pelo y, de manera un tanto brusca, le pide que se levante y le dé semillas tan rápidamente como le sea posible. De forma poco sorprendente, ella le dice que no interrumpa su sesión de peluquería y que vaya al almacén a coger la semilla por sí mismo. Bata coge entonces una gran jarra para llevar la máxima cantidad de semilla; la esposa de su hermano le pregunta cuánto lleva, a lo que él responde: "Tres sacos de cebada y dos de trigo emmer", es decir, una carga impresionante, equivalente a cuatrocientos litros. La esposa de su hermano se excita sexualmente al ver su fuerza, se agarra a Bata y le sugiere que tienen la oportunidad de acostarse juntos una hora. Le sentará bien, afirma, comprometiéndose a tejerle unos buenos vestidos de lino. La moral de Bata encuentra esta proposición horrorosa, y se enfurece como un rabioso leopardo. Es inaceptable albergar una idea tan inicua, ya que él vive como un hijo con ella y con su hermano mayor. Sin embargo le promete no divulgar el asunto y regresa al campo junto a Anubis. A la noche, Bata marcha hacia el establo para dormir.

En un episodio que ilustra la ingenuidad de la mujer de Anubis, Bata paga un terrible precio por despreciar su proposición. Antes de que Anubis regrese, ella se las arregla para parecer violentamente asaltada. En vez de encender una hoguera, deja la casa a oscuras, dejando confuso a Anubis a su llegada. Su costumbre es normalmente echar agua sobre las manos de su esposo cuando llega a casa, pero en esta ocasión no lo hace. En vez de esto, Anubis la encuentra sobre la cama con aspecto afligido y un ataque de vómitos (inteligentemente provocado al tragar tocino y grasa en grandes cantidades). Tal vez el impacto de ver a su mujer tan apenada hace que Anubis, torpemente, realice esta estúpida pregunta: "¿Quién ha estado hablando contigo?" Su mujer se lanza entonces a un feroz ataque personal contra Bata, e invirtiendo los términos de lo acontecido, dice a Anubis que su hermano pequeño le sugirió que deshiciera sus trenzas y que se fuera a la cama con él una hora. Según su relato, habría sido ella la que adujo que eran como una madre y un padre para él, tras lo que Bata se había quedado aterrorizado, golpeándola para evitar que ella se lo contase a Anubis. Por fin reta a su esposo para que mate a Bata; de lo contrario, ella morirá.

Anubis muestra su ira. Como Bata no había llegado a casa con el ganado, Anubis se esconde tras la puerta del establo con su lanza en la mano, listo para matarlo. Pero la primera vaca que se acerca al establo salva la vida de Bata al avisarlo de que Anubis se encuentra allí escondido con su lanza. Bata echa un vistazo a los pies de su hermano y escapa corriendo, siendo perseguido por Anubis. Una oración al dios sol Re-Horajti pidiéndole justicia trae como consecuencia que el dios cree una masa de agua llena de cocodrilos que separa a ambos hermanos, manteniendo a salvo a Bata hasta el siguiente amanecer. Una vez a salvo, Bata declara vigorosamente a Anubis que es inocente, describiendo la secuencia real de los acontecimientos, y acusa a su hermano de estar dispuesto a arrojarle la lanza por el testimonio no corroborado de una despreciable ramera. Además, da como garantía de su juramento de veracidad a Re-Horajti su falo mutilado con un cuchillo de caña, y arrojándolo al agua se lo come un siluro. Debilitándose progresivamente por la pérdida de sangre, Bata despierta la compasión de su hermano, que se pone a llorar, frustrado por no poder allegarse a la orilla donde está Bata por mor de los cocodrilos.

En una última alocución a Anubis, Bata afirma que no puede permanecer allí, sino que se va a ir al valle del Cedro. Si este lugar pretende evocar alguna región geográfica real, entonces ésta estaría en Líbano. Bata añade que se arrancará su propio corazón y lo pondrá en lo alto de una flor de cedro (de cómo va a sobrevivir sin él nada se dice en el texto) y pide a Anubis que vaya a buscarlo si el cedro es talado —ello provocaría la muerte de Bata—, para rescatar su corazón. Si Anubis pusiera el corazón de Bata en una vasija de agua, Bata podría vengarse de quien lo hubiese matado. La señal que Anubis recibiría si la calamidad se cierne sobre Bata será una jarra de cerveza que fermentaría repentinamente en su mano. Bata parte entonces para el valle del Cedro mientras Anubis, manchado de polvo para mostrar su dolor, vuelve a casa. Allí mata a su esposa y arroja irrespetuosamente su cadáver a los perros carroñeros.

Entre tanto, Bata, con su corazón en lo alto de una flor de cedro en el valle del Cedro, construye una villa en la que vive solo. El estrafalario guión hasta aquí sólo ha sido una plataforma desde la que despegar para un vuelo de absoluta fantasía. Allí Bata se encuentra a la Enéada del dios Sol, que gobierna esta región como lo hace en Egipto. La Enéada le informa de que su reputación está vengada y que ha sido exculpado de toda maldad. Es más, Anubis ha matado a la mujer que dio causa al conflicto. Para librarlo de su soledad, Re-Horajti ordena al dios Jnum que haga una esposa para Bata, y Jnum moldea una bella y encantadora mujer en cuyo cuerpo se encuentra la esencia de los propios dioses. A la vista de los desastres que ésta causa a Bata, existe más de una fugaz semejanza con la leyenda griega de Pandora, creada por Hefesto por orden de Zeus para que fuese la ruina de la humanidad. Cuando Jnum ha acabado de esculpir a la mujer de Bata (otra mujer sin nombre), las Siete Hathor, diosas vinculadas con el destino, predicen que tendrá una muerte violenta. No es posible ignorar, por otra parte, la anómala relación sexual que se avecina entre el autocastrado Bata y una mujer sexualmente atractiva.

Un día Bata desvela a su mujer el secreto de que su corazón descansa sobre una flor de cedro, cosa que será su perdición. Se lo dice porque se encuentra preocupado por si ella, al caminar por la costa, fuera arrastrada por el mar. Él tiene que admitir que su vulnerabilidad le podría impedir rescatarla. Poco después de este aviso, mientras Bata está de caza en el desierto, el mar emerge tras su esposa mientras ella pasea, así que huye a la villa, pero el cedro que se encuentra junto a ella coge un mechón perfumado de su cabello para dárselo al mar, que se lo lleva a las costas de Egipto, donde los lavanderos del faraón llevan a cabo su tarea. El perfume del cabello penetra en todos los vestidos de lino que están siendo lavados, de lo cual se queja el faraón. Al final, el jefe de los lavanderos descubre el mechón de pelo. El significado de lo sucedido es interpretado por los escribas: el mechón de pelo imbuido con la esencia de los dioses pertenece a una hija de Re-Horajti y ha llegado a Egipto para animar al faraón a buscarla y traerla desde el valle del Cedro. La primera expedición de tropas enviada para traer a la mujer a Egipto es completamente exterminada por Bata. La siguiente expedición de tropas y de carros va acompañada de una mujer cuya tarea es seducir a la mujer de Bata con joyas exquisitas, para que abandone su precaria vida en Líbano por la sofisticación de la corte real de Egipto. El plan tiene ahora éxito, y la mujer de Bata va a Egipto, donde es amada por el faraón y se le otorga un elevado *status* en palacio. Por fin el faraón se entera de la existencia del corazón de Bata sobre la flor del cedro y da órdenes de que el árbol se tale. En ese momento Bata cae muerto.

Al día siguiente, Anubis descubre su cerveza fermentando en su jarra, y reconoce la señal de la calamidad de que había hablado Bata. Viaja al valle del Cedro, y encuentra a Bata muerto dentro de su villa. La búsqueda del corazón de Bata dura tres años, tras los cuales Anubis lo descubre camuflado bajo la forma de una fruta. Lo pone entonces en una vasija con agua, con lo que el cuerpo de Bata empieza a moverse. Anubis moja con agua los labios de Bata, éste bebe una poca más y su corazón le es devuelto.

Las metamorfosis de Bata han sido hasta aquí las de un joven varonil en eunuco primero y cadáver después, pero aún va a haber más. Ahora quiere vengarse de su mujer, y decide viajar a Egipto bajo la forma de un toro de color llamativo. Anubis monta entonces sobre el lomo del toro y ambos se van a la residencia real. El faraón es inmediatamente cautivado por la belleza del toro y recompensa a Anubis dándole oro y plata. El toro Bata, festejado y mimado por el faraón, se encuentra un día frente a la mujer de su anterior ser humano, y la llena de terror al revelarle que en realidad es Bata buscando venganza por haber hecho que el cedro fuera talado. Bata se va, pero su mujer trama una manera de acabar con su amenaza, y cuando el faraón está borracho, tras una fiesta deliciosa, le saca la promesa de permitirle comer el hígado del toro. El faraón se arrepiente de su promesa, pero es tan incapaz de faltar a ella como Herodes, cautivado por Salomé, lo era de derogar la orden de ejecución de Juan el Bautista. Al día siguiente, el toro Bata recibe la muerte como ofrenda sacrificial, pero cuando los hombres llevan su cuerpo por la puerta del rey, Bata hace que caigan de su garganta cortada dos gotas de sangre. Durante la noche, crecen junto a la puerta dos enormes árboles de Persia. El faraón lo considera propicio y se organiza una celebración en su honor.

Bastante tiempo después, el faraón hace una aparición oficial en la "Ventana de las comparecencias" (un estrado ceremonial de los que perduran ejemplares bien preservados, como el que une el palacio y el templo mortuorio de Rameses III en Medinet Habu, en la orilla derecha de Tebas). Luego, con la mujer de Bata, ahora reina y esposa principal, monta en su carro para ir a ver los árboles, y mientras la pareja real descansa a su sombra, Bata descubre a su esposa que se ha metamorfoseado de toro en árbol pérsico, que todavía está vivo y que pretende vengarse. La mujer, una vez más, usa sus encantos y su astucia para conseguir que el faraón tale los árboles y los convierta en muebles. Luego, mientras que mira cómo los carpinteros ejecutan las órdenes del rey, salta una astilla que va a parar a la boca de la mujer de Bata. Inmediatamente queda preñada y, a su debido tiempo, da a luz a un hijo que, sin que nadie lo sepa, resulta ser nada menos que su esposo anterior, Bata. El faraón está en las nubes de gozo. El renacido Bata es honrado a medida que crece, se le da el título de "Hijo del rey de Kush", que lo hace responsable de las vastas riquezas de oro de Nubia, y es proclamado heredero. Cuando muere el faraón, Bata asciende al trono, convoca a los grandes funcionarios de Egipto y les relata sus aventuras y metamorfosis. Luego, trae a su "madre-esposa" a su presencia y los magistrados se muestran conformes en juzgarla. Pero de igual manera que en el histórico "papiro de la conspiración", del Museo de Turín, en el que el final de una reina de Rameses III, culpable de conspiración para matar al rey y poner en el trono a su hijo, no se especifica, también la descripción del juicio de la mujer de Bata es bastante impreciso. En ambos casos, sin embargo, la sentencia es con seguridad la ejecución o la invitación al suicidio. En cuanto a Anubis, se convierte en príncipe coronado, y cuando Bata, tras reinar treinta años, muere –sin reaparecer de nuevo en este mundo con otra forma–, su hermano es elevado al trono de Egipto.❐

Sugerencias para lecturas posteriores

La forma más seria de familiarizarse con las complejidades de la mitología egipcia es sumergirse en las traducciones modernas de los documentos originales antiguos. Traducciones dignas de confianza de muchas de las fuentes de los mitos y leyendas tratados en este libro pueden encontrarse en J. B. Pritchard (ed.), *Ancient Near Eastern Texts relating to the old testament* (3ª ed. con suplemento), Princeton University Press, 1969, y en M. Lichteim, *Ancient Egyptian Literature* (3 vols. que abarcan del Imperio Antiguo al Período Tardío), University of California Press, 1973, 1976, 1980. Para un intento de sintetizar los rasgos sobresalientes de la religión egipcia en libro, recomendaría E. Hornung, *Conceptions of God in Ancient Egypt - The One and the Many,* Routledge y Kegan Paul, 1983, y S. Morenz, *Egyptian Religion,* Methuen, 1973. También como libro de referencia rápida de la naturaleza esencial de las deidades que aparecen en estos mitos puede consultarse G. Hart, *Dictionary of Egyptian God and Goddesses,* Routledege y Kegan Paul, 1986.

Los capítulos que tratan de la estructura del cosmos y de la transición del trono de Egipto de Osiris a Horus pueden seguirse leyendo las principales fuentes: R. O. Faulkner, *The Ancient Egyptian Pyramid Texts,* Oxford University Press, 1969, y R. O Faulkner, *The Ancient Egyptian Coffin Texts* (3 vols.), Aris and Phillips, 1973, 1977, 1987. El drama de Edfú que trata de la aniquilación de Set por Horus puede encontrarse en H. W. Fairman, *The Triumph of Horus,* Batsford, 1974. Las observaciones eruditas del mito de la realeza abundan en J. Gwyn-Griffiths, *Plutarch's De Iside et Osiride,* University of Wales, 1970. En cuanto al propio texto de Plutarco, hay versión castellana en Plutarco, *Obras morales y de costumbres,* ed. de Manuela García Valdés, Akal, Madrid, 1987. Para debates estimulantes tanto sobre cosmología como sobre la realeza puede verse J. R. Allen, *Genesis in Egypt - The Philosophy of Ancient Egyptian Creation Accounts,* Yale University, 1988, y H. Frankfort, *Kingship and the Gods - A study of Near Eastern religion as the integration of society and nature,* University Of Chicago Press, 1948 (existe traducción al castellano: *Reyes y dioses,* Madrid, Alianza Editorial). Para el estudio de Isis como fuente suprema de poder mágico, los ensalmos originales son los más provechosos para una investigación básica, y se encuentran reunidos en J. F. Bourghouts, *Ancient Egyptian Magical Texts,* E. J. Brill, 1978.

A continuación se debería profundizar en las ricas imágenes de los infiernos egipcios, traducida y abundantemente ilustrada en A. Piankoff, *The tomb of Rameses VI* (2 vols.), Pantheon Books, 1954. El mejor libro sobre las tumbas reales tebanas para complementar los estudios del los infiernos es E. Hornung, *Tal der Könige - Die Ruhesttäte der Pharaonen,* Artemis, 1988. La vida tras la muerte de los mortales que no pertenecen a la realeza es accesible en R. O. Faulkner (ed. C. A. R. Andrews), *The Ancient Egyptian Book of the Dead,* British Museum Publications, 1989. Para ir más allá sobre personajes notables que fueron deificados o que entraron en el mundo de las leyendas se puede consultar D. Wildung, *Egyptian Saints - Deification in Pharaonic Egypt,* Nueva York University Press, 1977, o su más cuidado y para investigadores *Imhotep und Amenhotep,* Múnich, 1977.

Finalmente, ninguna civilización documentó sus creencias de manera tan visual como los antiguos egipcios. Para excelentes ilustraciones de algunos de los mitos y deidades se pueden hojear con placer las láminas de E. Otto, *Egyptian Art and the cults of Osiris and Amun,* Thames and Hudson, 1968, y en E. Brunner-Traut, (*et al.*) *Osiris Kreuz und Halbmond,* Philipp von Zabern, Muinz an Rhein, 1984, así como *El arte del antiguo Egipto,* K. Michalowski, Akal, Madrid, 1992.❏

Índice de nombres y créditos de las ilustraciones

Créditos de las ilustraciones
Las fotografías han sido proporcionadas por cortesía del Museo Británico o de las siguientes instituciones: *cubierta:* Peter Webb; *págs. 8, 23, 31, 43 (dcha.):* Museo Metropolitano de Arte, Nueva York; Donación de la Rogers Fund y Henry Walters, 1916 (16.1.3); Donación de Edwards S. Harkness, 1926 (26.7.1412); Rogers Fund, 1945 (45.2.11); Fletcher Fund, 1950 (50.85); *pág. 12:* Museo Egizio, Turín; *pág. 14:* Museo del Louvre, París; *págs. 17, 51 (abajo), 54:* Franco Maria Ricci editor, Milán, de *Nella Sede della Verità* por A. Fornari y M. Tosi (foto: Franco Lovera, Turín).

Las citas utilizadas en el texto se han incluido con el permiso de: *págs. 7, 61*, Faber and Faber Ltd., "Little Gidding" de *Four Quartets* de, T. S. Eliot y *Collected Poems*, 1909-1962 por T. S. Elliot; *pág. 53*, Princeton University Press.